TABLEAU MORAL,

OU

LETTRES A LAMPITO,

Pour servir d'Annales aux mœurs, aux usages, à l'esprit, aux lumieres & aux sottises du tems.

PAR M. M***.

PREMIERE PARTIE.

A CANTORBÉRI,

Et se trouve à Paris,

Chez RUAULT, Libraire, rue de la Harpe.

1778.

AVERTISSEMENT.

Ces Lettres paraîtront successive-
ment par *quatre*, & formeront une
Partie. Ce Recueil ne sera pas mis
cependant au nombre des Ouvrages
périodiques, l'Auteur n'en voulant
faire qu'un objet de récréation. Les
extraits & les annonces Littéraires
ne seront donc pas de son ressort. Il
ne parlera que des nouveautés qui
auront fait trop, ou trop peu de bruit,
& sur le compte desquels Messieurs
les Journalistes se seront trompés,
ou donné carriere.

On se flatte au reste que la foule
des ridicules qui se succedent avec
tant de rapidité dans la Capitale,
ne laissera pas languir la scène, &

quoiqu'en dife la Philofophie, il n'eft pas moins vrai, qu'en fait de fotifes, *ce font les fots qui les difent, & les gens d'efprit qui les font.*

TABLEAU
MORAL,
OU
LETTRES
A LAMPITO.

LETTRE PREMIERE.

Oui, mon cher Lampito, tes reproches font fondés : il y a si long-tems que je ne t'ai écrit, que j'en meurs de honte : je devais, suivant nos traités, te faire part des changemens qui arriveraient dans nos mœurs, des escarmouches Littéraires & des petits scandales qui font la douceur de Paris : je t'ai laissé dans la disette de toutes

ces chofes ; & je conçois trop que Fran-
comane comme tu es, tu as befoin d'une
correfpondance mieux réglée que la
mienne , pour foutenir ta réputation
d'homme de goût dans Londres, où, malgré la haîne qu'on nous porte , on t'envie , fans l'ofer dire , le bonheur d'exifter
à notre maniere.

Ton amitié m'honore on ne faurait davantage : tu es l'homme de ton fiécle à
qui je ferais plus vanité de reffembler. Su-
blime dans tes vues , fimple dans ta con-
duite, tu n'es pas de ces individus qui
font fonner fi haut leur probité , parce
que fans doute , elle leur coûte beaucoup :
tu n'es pas non plus de ces automates qui
fe pardonnent des vertus inutiles : la fortune au contraire en t'ouvrant fes tréfors,
femble moins avoir pourvu à tes befoins ,
qu'au bonheur de ceux qui t'environnent :
ta nobleffe eft de ton âge, on ne faurait
dater de plus loin ; & fans parler ici de
la gloire que tu retires d'un état où l'on
s'autorife des loix pour opprimer, mes
torts font affez graves, affez multipliés ,
pour ne favoir quelle excufe t'apporter de
mon filence.

Nouveau maître , nouvelle allure ,
comme tu fais; l'Europe nous regardait.
Notre choix de Miniftres une fois fait ,

nous eûmes à prendre des mesures pour amalgamer ce que l'ancien regne avait de bon, avec ce que celui-ci peut avoir de meilleur ; déjà la machine semblait aller d'elle-même. Je n'aurais pas cédé pour bien des avantages, la part que je devais avoir dans la nouvelle administration : je m'étais ménagé à cet effet, une Epitre en forme de conseil pour le premier Roi que je verrais couronner, celle du Chancelier de l'Hôpital au Cardinal de Lorraine, sur le sacre de François II. J'en étais même aux trois quarts de ma traduction, que j'ignorais encore que Perrault l'eût traduite : mais comme Boileau me rassurait beaucoup sur le compte de cet Ecrivain, je ne perdis rien de ma noble émulation. Que me servirent mes veilles & tant de prévoyance ? Le moment de me produire était venu : une mort frappante trouvait encore des incrédules, qu'il nous tombe comme des nues, un long Poème & une Ode à grand ravalement qui ne laissent ni au jeune Monarque le tems de se reconnaître, ni au Public le souci d'en lire davantage. Le succès de ces deux ouvrages sortis presqu'en même tems de la même plume, ne pouvait être douteux. Les principes du gouvernement y sont développés de maniere à faire croire que

A 3

l'Auteur eſt conſommé dans ces matieres-
là ; ce qui mit le Conſeil en état d'agir &
de prendre une conſiſtance qu'il ne per-
dra pas de ſitôt, pourvu toutefois qu'il
ne perde pas l'Ode de vue.

Déſeſperé de ce qu'on pouvait m'appliquer ces deux vers d'Othon.

Et vous avez fait vœu d'être juſqu'au trépas,

L'ennemi des conſeils que vous ne donnez pas.

Je fus concentrer mes lumieres dans un tribunal qui n'eſt point de ces établiſſemens
pour rire, mais qui, par ſon ancien-
neté, ſes vues profondes & ſon influence
dans les affaires, mériterait mieux que d'o-
piner parmi des caraffes de limonades. Je
n'ai que faire de te dire quelle eſt cette
Chambre des Pairs ; il entre dans le plan
de ma lettre d'annoblir juſqu'aux moindres images : mais pour peu que tu te ſou-
viennnes de l'hiſtorique pompeux que
nous en fit un jour ſon premier Huiſſier,
ce ſera la nommer pour moi.

C'eſt ici, te diſait Michel avec une eſpece d'enthouſiaſme, que pérorait Boin-
din, l'athée le plus agréable du monde :
là, Boiſſi, trop long-tems malheureux,
faiſait cercle, ſe fâchait quelquefois &
rendait gratuitement ſes oracles : dans ce

coin, le cynique Ricault faifait la digeftion de fes liquides & de fes épigrames :
voici la moulure contre laquelle l'auteur
de Jephté & du Nouveau Monde, ce
Prêtre idolâtre qui vivait le matin de l'Au-
tel & le foir du Théâtre, le bon homme
Pellegrin ufa plus d'un manteau : la bréche
que vous voyez au marbre de cette table
antique, provient d'un haut-le-corps que
fit Piron dans la chaleur d'une difpute avec
le *Capitaine Voltaire*. (Capitaine difait-
il, d'une troupe dont il n'eft point foldat.)
Sous ce luftre, le Chevalier de la Morliere
fit l'analyfe de plus de cinquante pieces
qui tomberent toutes à fa grande fatis-
faction ; devant cette glace, le Poète
Roy donna fes premieres audiences en qualité de Cordon noir, & ce fut la Marchan-
de du coin qui lui en fit un de toile cirée
pour le bain. Il n'eft pas jufqu'à Danchet,
Cahufac & Moncrif qui n'ayent eu pour
témoins de leurs tranchées de cerveau,
ces fayances immobiles & difcretes, qui
ont fué plus d'une fois des évaporations
de tant d'efprits.

Michel te difait-là de grandes vérités :
en effet, ce fanctuaire de la raifon humaine après s'être confervé pendant plus
d'un fiécle dans fa pureté primitive a

la confolation de voir que fes initiés font encore citoyens par principe ou par tradition. Déchaîné contre tout ce qui eft fraude ou baffeffe, on y ménage peu les pillards & les oppreffeurs : point d'ufage, point de mœurs étrangeres que fon fein ne rejette : fut-tout, rien à l'Anglaife, que la taille inaltérable de la Bourgeoife. Quant à l'efprit, (c'eft-à-dire l'efprit en feuille) on affure qu'il y eft fort élagué, depuis que le tableau de fes connaiffances eft tranfporté ailleurs. Une Gazette actuellement y pafferait fur le corps aux Incas ; on n'y eft plus qu'Infurgent, ou Alceftueux ; & quand on fera las de défigner cet ancien Temple de Pallas fous les noms de Procope, de Dubuiffon, de Cuzin, on pourra l'appeller hardiment, *le Caffé des Poumons.*

C'était-là néanmoins, mon cher Lampito, que fe rapportaient les grandes affaires du tems. Elles s'y inftruifaient fans longueurs & fans frais ; & quoiqu'on y jugeât à la mineure, les arrêts plus d'une fois fe font rencontrés avec ceux de la Cour. Un avantage que ce corps avait fur bien d'autres, c'eft qu'étant compofé d'hommes de tous les états, nulle matieres n'y étoit étrangere. Auffi ne s'y arrêtait-on pas à d'abfurdes Licences pour admettre un sujet zélé ; il n'en prenait que de reste quand il était reçu. L'affaire des jurandes, par exemple, y fut sujette à de grands débats & éprouva nombre de contradictions : mais quand nous vîmes que le caffé restait toujours à cinq sols, nous prîmes le parti de les rétablir. Pour ce qui est des Mousquetaires, nous les tenons pour abolis, jusqu'à ce que nous ayons encore à perdre ou à reprendre Valenciennes. Du moins est-il résulté deux excellentes choses de leur réforme : plus de sureté dans les ruelles & de meilleurs chevaux aux fiacres.

Il fallait bien enfin penser à notre marine, ou jamais. Nous avions en conséquence quelques petits réglemens à publier pour l'honneur de notre Pavillon : mais comme nous avons de furieuses revanches à prendre avec ta Nation & qu'elle est aussi soigneuse de savoir ce qui se passe chez nous, que de dissimuler ses pertes d'Amérique, la plupart de nos délibérations sont demeurées dans le secret. Peut-être verrez-vous un jour dans nos ports, moins de plumes que de vaisseaux, & pour jetter plus d'activité dans notre manœuvre, il ne sera pas étonnant qu'un jour nous eussions de petites cordes & de grandes poulies.

A. 5

Après m'être occupé avec tant de chaleur & si gratuitement des affaires publiques, après avoir parcouru tous les rameaux de l'administration, mis en avant tout ce qui pouvait opérer des miracles dans la finance & simplifier toute régie quelconque, après avoir, ainsi que mes confreres, applaudi, improuvé, voté pour ou contre, suivant les circonstances, mais toujours pour la gloire de la Nation, il était juste que je prisse mes vacances & m'inquiétasse un peu de ce qui me regarde particulierement. Je fus donc me confiner pour six mois à la campagne, où, si c'est véritablement un bonheur pour un homme qui a des mœurs simples, de cultiver son petit clos & de voir fructifier ses champs, ce n'est pas une moindre félicité pour moi, de n'être pas témoin de la prospérité des méchans. J'en arrive, exprès, mon cher ami, pour satisfaire à ton impatience & réparer mes torts : voici ma premiere journée d'observations.

Quand on est jaloux de conserver le peu d'honneur qui nous est échu, il n'y a point de mal dans ce pays-ci, de faire voir de tems en tems un habit neuf. L'avantage qu'on en retire n'est pas équivoque. On attend moins dans les anti-

chambres , on eſt mieux reconnu de ſes
amis , mieux venu des belles , & M. Sé-
daine qui en établit ſi bien les préroga-
gatives dans une Épitre charmante , a encore oublié de nous dire qu'avec un habit que l'on doit dans ſon quartier , on en a
d'autres à crédit plus loin. Un homme qui
arrive mordoré des champs & qui trouve
tout Puce dans Paris , y penſe à deux fois ,
s'il eſt de ces gens qui vont dans le monde.
En conſéquence , j'avais fait appeller un
Tailleur en conſultation , il arrive ; &
après avoir rempli les humbles devoirs de
ſon miniſtere , je lui demande quelle étoffe
il me deſtinait & quelle forme il lui donnerait. Laiſſez-moi faire , vous ſerez content, me répond-t-il ; qu'il ſoit dit qu'une
fois en ma vie j'aurai eu la ſatisfaction...
A ces paroles & à d'autres qui les avaient
précédées , il était aiſé de s'appercevoir
que le vent de l'établi était Nord : je lui
ſignifiai donc que ce ferait à recommen-
cer s'il entrait la moindre choſe d'inſu-
laire dans ſes façons ou dans ſes fourni-
tures : ceci lui fit un peu ſecouer la tête ,
& comme il étoit fils d'un Portier de Col-
lege , il m'apoſtropha dans l'eſcalier de ce
vers de Juvenal.

Latamque trahens inglorius alvum.

Dans ces entrefaites, **un de ces génies** qui operent des miracles fur la tête des humains, qui nous donnent à volonté, un air grave ou frivole, l'air du Dieu Mars ou d'Adonis, qui feuls, ont trouvé jufqu'ici l'art de rajeunir fans autre talifman qu'un peigne ou un rafoir, un grand ruftaut de jeune homme, s'avance comme ayant miffion de me faifir au collet. Son air négligé & fon regard farouche n'étaient pas un attrait pour lui livrer ma jugulaire, ma répugnance fe fit fentir. Ce qui femblait fonder fa gloire, lui fervit tout au plus d'excufe, il arrivait d'Angleterre. Je lui permis de faire fes difpofitions, & s'étant mis à infpecter mon petit arfenal, voici des armes, dit - il, avec lefquelles je ne répondrais pas des contrepoils. C'était me dire affez qu'il en avoit de meilleures, dont deux pafferent à mon fervice & fix francs dans fa poche : il ne me fit pas moins avec ces lames fupérieures, des eftafilades que je te ferai voir à ton premier voyage ; & tout en m'effuyant, pour me dédommager, je lui fis maintes queftions auxquelles il répondit auffi laconiquement que s'il avait fait toute fa vie, des barbes à Lacédémone.

Je le mis d'abord fur le chapitre de vos Dames Anglaifes : il me dit qu'elles avaient par deſſus tout, l'élégance de la taille, des principes d'honnêteté & la crainte de leurs brutaux de maris; que s'il fallait pour être aimables, ne ſavoir ni chiffonner, ni folâtrer, ni jouer, ni tricher, ni chanter, ni danſer, ni bouder, elles le diſputaient à toutes les femmes de l'Europe; qu'à la faveur de leurs délicieux patins, elles paraiſſaient en général, aſſez grandes; que l'uſage de porter de longs jupons ſervait autant chez elles à cacher les diformités du pied, que les petits chapeaux, celles du front, & quelquefois de tout le viſage; qu'au reſte, elles étaient d'une propreté éblouiſſante à l'extérieur, parées comme des châſſes, mais immobiles, n'ayant rien à dire, rien à contrarier, & fort ſouvent, n'ayant pas deux fois tourné la tête, ni fait dix pas dans la journée. Du moins, lui dis-je, font-elles quelques petites choſes pour ſe déſennuyer? — Du thé. — Et les maris que font-ils de leur côté?— Ils s'amuſent avec des papiers publics dont on peut lire juſqu'à trente aulnes par jour, ſans y trouver une vérité, ni l'ombre du ſens commun. Imaginez-vous, Monſieur, qu'il n'y a pas juſqu'au moindre artiſan dans Londres, qui ne ſe donne pour homme d'Etat, capable, non-ſeulement de gouverner l'Angleterre, la France & l'Empire, mais encore d'exterminer huit millions de rebelles, n'eût-il pour lui qu'une poignée de mercenaires & le gazetier de Newyorck. C'est à la taverne sur-tout, que leur politique a les coudées franches, que se font les bons raisonnemens de ces Messieurs; & grace à notre vin de Bourgogne, il s'y dit quelquefois d'assez plaisantes choses. — A-t-on dans ce pays-là la fureur du jeu comme à Paris? — Les Anglais y jouent ils gros? — Oui, leur liberté. — Qu'y a-t-il de plus rare à Londres? — En hiver, un rayon de soleil; en été, un cheval qui se défend des mouches avec sa queue. — Pourquoi est-on si souvent dévalisé dans les environs de cette Capitale? — *Primo*, c'est qu'il n'y a point d'Archers; *secondo*, c'est que les voleurs y sont mieux montés que les Généraux, on ne les atteint pas. — Du moins, n'assassinent-ils pas comme les nôtres. — Par esprit de commerce : on ne vole qu'une fois ceux que l'on commence par tuer. — A en juger par les loix sages d'Angleterre, il y doit regner beaucoup d'ordre & de tranquillité. — Oui, à peu près comme dans une maison où chacun veut être le maître.

Ce garçon qui d'abord tirait vanité

d'avoir respiré l'air de la Tamise, laisse prendre insensiblement le dessus à ses sentimens patriotiques, & finit par me dire qu'il était assez de l'avis de M. le Comte de ***, *qu'il n'y avait de poli dans ce pays-là, que l'acier, & de fruits mûrs que les pommes cuites.*

Survient un de ces minois qui font plus d'honneur au sang Parisien que tout ce qui fait vivre les Dulac & les Lafaye. Une certaine tournure, quelques traits, de la fraîcheur, des cheveux, des dents & de l'apétit, voilà ce que nous autres Amateurs, nous appellons la belle nature. Rien de tout ceci ne manquait à la jeune ouvriere qui me rapportait modestement des cols : elle était comme Junie dans Britannicus.

> Dans le simple appareil
> D'une beauté qu'on vient d'arracher au
> sommeil.

La petite personne n'était rien moins que honteuse, & comme sa partie lucrative était de raccommoder les dentelles, il était quelquefois de sa politique d'en déchirer. Monsieur, me dit-elle, avec un air de confiance, j'ai pris sur moi, de vous en faire six à l'Anglaise, & six à la Prussienne ; voici la note de ce que j'ai déboursé. Ma chere amie, lui repliquai-je, vous êtes fort aimable, mais vous prenez un peu trop fur vous. Vous aurez donc pour agréable de me démonter ceux à l'Anglaife, & d'en faire fix peignoirs pour une jeune mariée. Quant aux autres, comme je n'ai pas encore mérité le carcan, vous en ferez des amis : nous verrons cela tout enfemble.

Je fuis malheureufement de ces hommes pour qui la langue eft quelquefois d'une féchereffe épouvantable : car enfin, mon cher ami, comment m'y prendre pour te parler dignement de ce qu'en latin, nous appellons *futor*? C'en eft un cependant qui me tombe fur les bras, que je ne reconnais qu'à fa toile verte. Quelle eft donc cette métamorphofe, lui dis-je? qu'entendez-vous par ce petit chapeau & cette groffe cravatte? — Monfieur... c'eft que j'ai changé d'état. — Comment, vous avez donc renié Saint Crépin? — moins que jamais, Monfieur, car je fuis actuellement Cordonnier Anglais à la Tour de Londres, rue aux Ours. — Voilà ce qui s'appelle faire fon chemin. Et ce Tanneur de la Cité dont vous êtes la meilleure pratique, & le compere, vous ne vous fourniffez donc plus chez lui?—Pardonnez-moi, Monfieur. — Et tout St. Jean de Latran qui travaillait pour vous, ces bonnes gens vont donc mourir de faim ?—

Au contraire, Monſieur, je les fais béné-ficier de ſix blancs par paire, & je n'exige d'eux que trois choſes; qu'ils n'ayent plus ni queues, ni toupets, & qu'en entrant dans mon magazin, ils me diſent, quand il y y aura du monde, *ou di dou Ser*. — C'eſt donc pour affronter le public que vous prenez une enſeigne nouvelle, & que vous ſifflez maintenant au lieu de par-ler ?— Point du tout, Monſieur, la bonne marchandiſe vaut toujours ſon prix, à Paris comme à Londres ; au reſte, comme vous ſavez, c'eſt la foi qui fait tout.— Ho ça, Monſieur Baſane, point de cou-tures anglaiſes, car elles me bleſſent. — Ce ſera donc toujours ſur l'ancien pié.

Me voici heureuſement débarraſſé de mes Anglais, me diſai-je, quelle manie ! quelle extravagance ! il faut croire que j'ai vû ceux ci, pour ce que j'en verrai de la journée.

Je n'ai pas plutôt tourné le coin de ma rue, que de jeunes Barcelons ſemblaient s'être donné le mot pour ſe trouver ſur mon paſſage, & m'offrir leurs ſervices à l'Anglaiſe. Je t'avouerai à ma honte, qu'il y a trois choſes à Paris qui me rendent ſingulierement la vie dure : ce ſont *hôtel garnie*, *parlé-au Suiſſe*, & ces mêmes Barcelons qui vous regardent à la figure pour ſavoir ſi votre chauſſure les requiert.

Nous en sommes donc au Pont-Neuf,
que je n'avais vu de quelque tems. Le
coup d'œil m'en parut fort agréable, &
les boutiques qu'on y acheve de construire,
ont l'avantage de ne plus faire qu'une
Ville, de deux que ce pont semblait ci-
devant séparer. Il est vrai qu'à en juger
par les marchandises qu'on y étale, on les
prendrait volontiers pour des annexes du
petit Dunkerque ; mais pour peu qu'elles
se montent en jolies marchandes, on sera
sûr en tout tems, d'y attirer les curieux.
Pour ce qui est des trotoirs, je les trouve
infiniment plus commodes, en ce qu'il y
a moins à monter. Je n'ai regret qu'à
une chose : c'est que nos honnêtes pié-
tonnes étant moins fondées que ci-devant,
à avoir le pied glissant, nous aurons moins
d'occasions de leur être utiles.

Si notre bon Henri n'a rien gagné à
tous ces changemens, du-moins n'a-t-il
rien perdu de sa compagnie : au contraire,
je trouve que le nombre de ces faction-
naires qui vous donnent l'air de sortir de
votre voiture pour six deniers, s'est accru
considérablement, tant les arts libres sont
en vigueur en France, & la propreté une
vertu du climat. Celui d'entr'eux qui s'y annonce fastueusement pour tondre les chiens
à l'Anglaise, ne pouvait échapper à mes

regards : il me tarde seulement que ce soit le tems de la tonte , pour voir comment ce présomptueux s'y prend. Quoiqu'il en soit, voilà qui donne furieusement du dessous à ce vers si heureusement parodié du Méchant , par M. de la Loupetiere ,

On ne tond qu'à Paris , & l'on écorche ailleurs.

J'en étais là de mes observations , quand je vis beaucoup de monde se précipiter vers le parapet & s'avancer de la moitié du corps pour regarder dans l'eau : je crus que c'était un chien qui avait fait son tems , ou un autre dont on voulait prévenir la rage. Quel spectacle ! quelle résolution ! C'était un pauvre diable qui voulait se défaire d'une rédingotte anglaise qui lui avait donné le splen , & toutefois ne la pas quitter. Comme il n'était ni Géomêtre, ni Logicien , qu'il avait oublié de prendre la hauteur de la riviere , qui pour lors était très-basse , il advint qu'il fut tué avant d'avoir bu , ce qui fit tort à sa judiciaire. Il était cependant en regle à certains égards , car il avait déposé religieusement sur l'entablement du pont , deux lettres cachetées de noir ; l'une pour un moine de sa confidence , l'autre pour le Commissaire du quartier. Ce qu'on a su de plus positif de ce malheureux homme , c’eſt qu’il ſe morfondit pendant dix ans à courir après un terne à la loterie de l’Ecole Militaire , & qu’il n’eut pas la patience d’attendre un quine *à la Royale de France*. Que de gens ont les mêmes eſpérances , ſans avoir les mêmes reſſources !

Je me démêle comme je peux de la foule , & de vingt marchands qui me tiraillent comme par émulation. Un entre autres s’obſtine à me ſuivre , en me vantant beaucoup des tablettes & des crayons Anglais qui écrivent tout ſeuls : ceci donna lieu à quelques réflexions de ma part. Quoique les tablettes d’Eſchile n’ayent pas merveilleuſement réuſſi à Denis-le-Tyran, me diſais-je , qui m’aſſure que celles-ci ne réuſſiront pas à nos penſeurs profondément ſenſibles ? Je donnai donc à mon importun l’adreſſe de ceux de nos écrivains qui ont la vogue pour la maniere noire. Il n’y perdit pas ſes peines ; car Meſſieurs d’Arnaud , Mercier , le Tourneur , Falbaire & du Doyer , m’en ont fait depuis , d’amples remercimens.

Quelle fut ma ſurpriſe , lorſqu’au lieu de chiffons & d’immondices qui inſultaient depuis ſi longtems à la Colonade du Louvre, je vis de rians & ſpacieux gazons en développer la majeſté ! on a beau ſe récrier ſur ceux de l’intérieur , on doit croire qu’ils

n'y font que pour l'utilité des voifins , &
qu'au moment où ce palais renfermera
dans fon fein la ftatue du Monarque à
qui la gloire de l'achever eft réfervée , on
les en verra difparaître. En attendant , je
ne vois rien qui autorife à les appeller
gazons anglais.

Il eft bon de te prévenir , mon cher
Lampito , que cette journée-ci va te mener un peu loin. Je fouhaite que ce foit
fans bévue de ma part , & fans ennui de
la tienne. Si tu ne connaiffais Paris auffi
bien que moi , j'aurais joint à ma lettre
un nouveau plan de cette Capitale , pour
l'intelligence des courfes que je vais t'y
faire faire. Mais nous ne l'avons que de
refte parcourue enfemble , & toujours en
obfervateurs. Ce n'était , dis-je , qu'un jeu
pour nous , d'aller dîner péripatétiquement
à Sceaux , pour y voir écrit au deffus de
la fontaine d'un abrevoir , *omnibus* , & de
nous en revenir du même pas , fouper
chez un traiteur du boulevart , pour y
lire au-deffus d'un cadran folaire : *horæ
bibendi.* Tu trouvas , il m'en fouvient ,
ces deux devifes charmantes ; & fans trop
abufer des offres de la premiere , nous
remplîmes affez bien les intentions de la
feconde.

C'eft la rue S. Honoré , fans contredit ,

où le tourbillon de Paris peut se mieux dessiner : mais il faudrait pour cela que ce peintre, au dire de Piron, qui peignait jusqu'aux fluxions de poitrine, ne fût pas mort. C'était fait de moi en débouchant par *l'impasse* du coq, si je n'y étais rentré aussi vîte qu'un lapin dans son terrier, à la lueur d'une amorce. Un long cheval qui s'allongeait furieusement, pensa me renverser : un autre qui le suivait de près, mais plus court, n'éclaboussait pas moins. Un petit homme maigre, plié en deux comme un vieux contrat, montait le premier, & quoique son Alfane le fît honnêtement sauter, il sautait encore par-dessus le marché. Je pris d'abord celui qui montait le second pour un enfant de chœur défroqué, mais on m'a dit depuis que ses pareils s'appellaient *Jokeïs* : l'excellente garniture de cheminée qu'ils eussent faite à eux deux ! car l'un se déhanchait à droite & l'autre à gauche. Du train dont ils allaient, je crus qu'ils n'avaient pas débridé depuis Calais, pour se trouver à une répétition d'Opéra. Que de plaisir j'avais à imaginer que l'auteur d'une telle parade était anglais ! c'était malheureusement un de nos Colonels de Cavalerie à grande réputation. Je voudrais bien voir manœuvrer son régiment.

Je

Je n'étais pas encore remis de mon étonnement, ni au bout de mes queſtions, que j'entendis du plus loin poſſible, un bruit de féraille épouvantable. On m'apprend que c'eſt une voiture anglaiſe, ou plutôt une échoppe ambulante qui s'annonce ainſi. Elle était encore devant l'Oratoire, que la croyant ſur mes épaules, je me ſauvai dans l'allée de Godeau. Je ne te dirai pas quel air ont les cochers de ton pays & leurs houſſes délicieuſes ; quelle idée vos panneaux blaſonnés peuvent nous donner de votre peinture ; combien vos berlines bizarement commodes, ne le font qu'aux dépens du goût & des belles proportions ; Je te dirai ſeulement que deux têtes de Rembrant araſaient la portiere de celle-ci : c'était un plaiſir de leur voir faire des mines de droit & de gauche, & ces mines ſe terminer par faire entrer, chacun de ſon côté, une Nymphe à panache, qui ne connaiſſait ni ſa voiſine, ni l'hôte qui la recueillait. Le devant, qu'on leur fit occuper, prouvait aſſez le genre de reſpect qu'on leur dévouait. Il y avait cent à parier contre un, que ceux-ci étaient au moins des Lords, de ceux dont je t'ai entendu parler avec tant d'avantage : ce n'étaient encore que deux de nos Colo-nels d'Infanterie, qui, vraiſemblablement, recrutaient pour leurs régimens.

On allait très vîte, parce qu'on était preſſé : mais comme deux iniquités de plus peſent énormément ſur de faibles reſſorts, il arrive que vis à-vis des Quinze-Vingts, deux de ces reſſorts manquent tout à la fois du même côté : un train à la Françaiſe retient la caiſſe & la défend dans l'occaſion ; mais ici, l'impériale ratiſſe le pavé & l'on ſe trouve la tête en bas. La ſituation de ces Dames était ſinguliere : leurs cotillons avaient l'air d'un paraſol détendu & renverſé. Des cris ſouterrains demandaient du ſecours. Un Abbé, qui ſe trouvait-là tout porté, ne manquait pas de bonne volonté ; mais il ne ſavait par où s'y prendre. Les talons rouges avaient perdu la carte ; ils avaient chargé leurs gens d'acheter des bouquets, & ils les appellaient comme préſens. Le Cocher qui avait le ſecret de la portiere, aidé de femmes, qui n'avaient pas celui de ſe taire, les débale comme il peut. Les lazzis auraient été loin, ſi les pour-boire n'étaient venus les croiſer. Toutefois on ſe ſépare ; les Rembrants ſe rebattent ſur un fiacre, les peliſſes roſes vont regagner leurs poſtes, & nos poiſſardes le cabaret. Je te donne à penſer combien le récit d'une telle aventure a dû profiter dans la bouche de ces femmes , le verre à la main.

J'avais été plus loin que je ne voulais. Je faisais nombre parmi les curieux & par conséquent les rieurs. J'avais donc à traverser des cours , dont les murs tapissés d'affiches , me confondirent de plus belle. Il y avait peu de ces annonces qui ne s'honoraffent en gros caractere , de l'épithete *Anglais* ou *à l'Anglaise.* On eut dit ce jour-là , que tout Londres avait déménagé pour venir vendre ses effets à Paris. L'inspection que je fis des brochures étalées dans ce paffage , de maniere à le rétrécir , ne fut pas moins affligeante pour moi : je n'y vis au premier rang , qu'Hiftoires , Nouvelles , Anecdotes Anglaises ; que Romans , Journaux , Contes & Apologues Anglais ; que Drames traduits ou imités de l'Anglais.

O imitatorum fervum pecus !

C'était bien l'heure des déjeunés du Palais Royal : mais comme il faisait un tems véritablement à l'Anglaise ; c'eft-à-dire un brouillard épais & mal-sain , *qui ne laiffait que ce qu'il fallait de lumiere pour appercevoir les ténébres* , je ne pus m'y donner le spectacle des costumes nouveaux. Il me suffisait donc de parcourir cette rue où la volupté entre par toutes les portes , où la nouveauté tient ses assises & ajourne ses esclaves , pour y prendre une idée générale de ce que l'imagination Française pouvait avoir pris d'essor pendant mon absence , dans le département des modes. Qu'y remarquai-je hélas ! qui ne fût digne de pitié ? bijoux , étoffes , tout y était à l'Anglaise. On ne voyait sur les vitrages des caffés , que ces mots tracés en lettres d'or : *Punch , Rum , Rack.*

Pardon , mon cher ami , si je t'arrête chez une jolie femme dont on n'a que la vue : ce n'était pas mon dessein d'abuser de sa complaisance ; mais je ne pus m'empêcher de trouver effrayans certains modeles de boucles dont elle voulait que je l'étrennasse. La comparaison que je fis de leur cambrure avec l'arche du pont de Corbeil , ne parut point de son goût ; & comme je m'obstinais à lui demander du vieux stile , j'avais assez mauvaise grace à vouloir faire le jeune homme auprès d'elle : tout ce que je pus en obtenir , ce fut de m'en détacher une paire à l'antique , d'un envoi prêt à partir pour Londres.

A mesure que je gagnais la route de Calais , que je perdais de vue les *Modeurs ,* les Parfumeurs & les Plumaffiers, les traces de l'Anglomanie difparaiffaient devant moi. Du moins ne trouvai-je dans la rue Saint-Denis, que ce qu'on y voit depuis long-tems, des Agréminiftes, des Merciers, des Eventailliftes, de la foie en bottes, & des Indulgences Pléniercs ; ce qui, je crois, n'a rien qui fente l'Angleterre.

Ce ne fut cependant que dans le Marais que je commençai à refpirer, rien ne m'y parut entiché de cet air contagieux qui s'éleve du tourbillon de Paris. C'eft le pays , dit-on , des vieilles modes & des Cuifiniers modernes. On affure qu'il n'y a pas plus de dix ans qu'on y fait que Louis XIV eft mort. Il y a tant de chofes qu'il eft indifférent de favoir , tant d'au-tres qu'il eft falutaire d'ignorer , qu'en vérité , ce n'eft pas la peine de fe faire nouvellifte. Je ferais néanmoins forti vic-torieux de ce quartier paifible , fi du côté des Enfans Rouges , je n'avais vu au-deffus de la porte d'un Maréchal : *ici on coupe les queues à l'Anglaife.*

Je ne m'attendais pas à une tranfition fi peu ménagée : les bras me feraient bien tombés du tableau mouvant que m'offrit le boulevard dans toute fa furface. C'était le manege des maneges, ou plutôt une Guibrai où il n'y avait que des chevaux

& des Maquignons. Tout y était confondu : les habits & les mines semblaient être du même faiseur. On n'y distinguait les maîtres des valets, que parce que ceux-ci montaient mieux. C'était là qu'il m'était réservé de voir des Abbés à l'Anglaise, en attendant que sur le Pont Notre Dame, j'y voie des Chasubliers. J'en reviens aux exercices académiques ; le pas relevé, le galop sur la hanche, des voltes & vingt choses agréables que l'on fait exécuter à des chevaux dressés, n'étaient pas dignes de la scène. C'était le ventre à terre qui régnait d'un bout à l'autre. Peu content de surmener ces pauvres animaux, on leur faisait faire tout d'un tems un cours de langue qui devait leur être insipide ; jusques-là qu'on se tuait de parler Anglais à des chevaux, qui la plupart, auraient volontiers répondu Normand. Mânes de Vandeuil & de la Gariniere, que vous gagnez à n'être pas témoins de l'abus déshonorant que l'on fait aujourd'hui de vos excellens principes !

J'aurais desiré d'aller plus vîte qu'eux pour les éviter. Aux yeux d'un homme qui se met à la place de tout être souffrant, même à celle des chevaux de poste qui nous amenent l'Empereur, la violence que l'on faisait à ceux-ci, semblait

tenir de la barbarie. Cependant le brouillard
se décide & tourne en pluie. Chacun alors
tire de son côté : moi - même trouvant
une grille ouverte , je gagne le devant de
l'hôtel , pour me mettre à couvert chez
le Suisse. Il était en deuil , non pas de son
appétit , car il déjeunait comme je n'aurais pas été fâché de dîner ; mais d'un
maître qu'il disait regretter beaucoup ; &
à mesure que sa bouteille se vuidait , ses
yeux se remplissaient de larmes. C'est bien
dommage , me dit-il , que M. le Bailli
de * * soit mort si tôt ; car ce jardin à
l'Anglaise , qu'il ne faisait *exactement* que
d'achever , m'aurait valu beaucoup d'argent. Je cherchais le jardin de tous mes
yeux , & un rayon de soleil semblant me
favoriser , je prie mon homme de vouloir bien m'y conduire. — Le voici ,
vous l'avez traversé. — Ceci , mon cher
ami , me parait bien court pour être si
curieux. — Ne vous y trompez pas , mon
cher Monsieur ; vous n'en voyez pas la
moitié , pas le tiers : ce qui est en l'air ,
ce qui est sous terre , tout en est. Par
exemple , cette terrasse de la gauche
chargée de bouquets , c'est ce que nous
appellons les jardins de Sémiramis.—Cette
butte couverte de mousse & d'arbrisseaux
qui s'entre-nuisent , comment cela s'ap-

pelle-t-il ? —— La forêt où Numa avait des *révélations* avec la Nymphe Egérie. —— Et ce carré qui fait hache , que l'on dirait une pépiniere , eſt-ce encore une forêt ? —— Non pas ; c'était autrefois le trou au fumier ; maintenant ce ſont les Champs Eliſées. —— Fort bien. —— Voici qui eſt bien plus admirable ; venez-vous en , me dit-il , & vous verrez. Je le ſuis donc dans un eſcalier tortueux , ſoi-diſant taillé dans le roc : une lampe ſépulcrale nous attendait au bas ; & ſur la même ligne , j'y paſſe en revue l'antre de la Sybille , le Tartare , & un égout découvert qui lui ſert de Styx. Une troiſieme porte , qu'on ne s'empreſſait pas de m'ouvrir , excite ma curioſité ; j'apprends que c'eſt la Glaciere. —— Quoi ! ſi près des Enfers ? La glace doit y fondre.

Des affaires m'appellaient dans le haut de ce fauxbourg immenſe où l'on travaille depuis dix ans à en faire un des beaux quartiers de Paris. J'avais preſque renoncé aux Jardins Anglais , tant les abſurdités du premier m'en avaient donné du dégoût. C'eſt cependant celui par excellence , qui vient ici ſe jetter à ma tête. Comme il eſt à découvert de toutes parts , qu'il ne paraît faire qu'un avec la Plaine de Mouceaux & les deux Polognes , je ne pus m'empêcher d'y jetter un coup-d'œil. Voici d'abord ce qui n'eſt défendu à perſonne d'admirer. Des pavillons & un jeu de bague Chinois ; un vieux château , une tour & un moulin ſans aîles , qui font ſemblant de s'écrouler ; un clocher , des tombeaux , des obéliſques , une balançoire, & des maſures dont le chaume eſt aux ordres des Aquilons. D'un autre côté, nombre de colonnes briſées , un bras de mer , une flotille , & des figuiers de compagnie avec du bouleau.

On ne ſaurait non plus ſe refuſer d'y voir un mont Véſuve percé à jour qu'on y pratique , un ruiſſeau que l'on rectifie en le faiſant ſerpenter; & ce qui m'a paru bien plus extraordinaire , quantité d'Ouvriers qui emploient de bon bois & de belles pierres à bâtir des ruines.

La faim commençait à l'emporter ſur ma curioſité. J'entendais de toutes parts les cloches des Couvens qui ſonnaient d'un ton qui ſe fait mieux entendre que celui de Matines ; aucune ne ſonnait pour moi. Le ſoin de ma conſervation voulait donc que je r'entraſſe dans Paris. Pour éviter l'embarras des voitures & la boue qu'elles diſtribuent libéralement aux gens de pié, la rue de Marigny eſt celle qu'il me vient à l'idée de prendre. Ces champs délicieux, où d'abord je ne crois rencontrer que quelques ombres errantes & plaintives, se trouvent couverts tout-à-coup d'une affluence de monde prodigieuse. J'entendais dire à mes côtés : *ils n'ont pas voulu se battre.* Le mot de l'énigme était qu'on revenait d'un combat de coqs anglais, dont on avait voulu faire un spectacle du matin au Colisée; de façon qu'éperonnés, soulés & harangués, les Champions n'avaient pas jugé à propos d'en découdre : apparemment parce qu'ils étaient nés libres , & que peu leur importait de se voir transplantés dans un état monarchique.

A ce combat, devait succéder une course de coureurs....toujours Anglais ; car on ne les veut plus ni Basques , ni Béarnais. Le vin , le prix , les lauriers étaient prêts ; quelques écoliers qui se trouvaient là , on ne sait trop comment , piqués de ce que ces faufarons les faisaient ranger un peu brusquement , se rangèrent en effet sur la ligne , partirent au signal, & arrivèrent avant eux au but. On rendit l'argent.

Voici bien de quoi exercer autrement ma patience & ralentir ma marche. La fantaisie me prend de traverser le grand chemin; & soudain du bout des allées de la gauche , des nuées d'hommes d'une espece toute différente semblent fondre sur moi. Entrer dans les détails de l'air qu'ils avaient, ce ne serait pas entreprendre une description pompeuse. A tout hasard, on aurait pu dire de chacun d'eux en particulier:

S'il cache un glorieux, *Il le cache très-bien.*

Quoi qu'il en soit, c'était véritablement un spectacle pour moi, que de voir les uns se réjouir de façon à me communiquer leur joie ; les autres se fâcher au point que le poil de leur couverture en était hérissé. *Il faut que l'on ait joué quelque tour à l'Eclipse*, disaient les derniers. Je vis bien alors, qu'il était question d'une course de chevaux, & je me fis raconter comme quoi, au grand déplaisir de nos Anglomanes, un cheval limousin avait remporté le prix. La nouvelle Colonie ne se tenait pas encore pour battue, & l'un de ses principaux membres prétendait de la meilleure foi du monde, que les paris devaient être nuls, attendu que le *Jockey*, qui n'était pas celui de l'Eclipse, ayant été bien pesé, bien lesté, avait rendu en montant à cheval, un biscuit de trois sous qu'on lui avait fait prendre une heure avant.

J'étais déjà tout accoutumé aux gazons : ceux de la Place Louis XV, qui servent

d’anti chambre aux Thuilleries, ne m’éton-
nerent pas du tout. Heureufement, difais-
je, en traverfant ce Jardin fuperbe, qu’on
n’a pas encore penfé à mettre celui-ci à
l’Anglaife.

Mon eftomac toutefois, me faifait des
queftions auxquelles j’étais fort embarraffé
de répondre, & le premier Traiteur qui
s’offrirait fur mes pas, devait être, fans
contredit, un homme effentiel pour moi.
J’entre à tout hafard dans une maifon,
dont les apparences ne fe réduifaient pas
à de la fumée. Quatre grandes tables com-
pofées d’Abbés femblaient d’abord m’offrir
un réfectoire de Séminaire : mais quand je
vis des aloyaux y tenir lieu de limardes &
de carpes frites, je m’écriai, le *drôle de
Séminaire !*

J’ignorais encore quelle était cette au-
berge : j’avais bien oui dire qu’il y avait
dans ce quartier un Hôtel d’Yorck ;
c’était cela même que j’avais rencontré. Il
était dit apparemment que j’en avais pour
toute la journée à lutter contre des fimu-
lacres Anglais ; en conféquence, on m’in-
troduifit dans un cabinet où cinq mines
hétéroclites attendaient un fixieme pour
être fervis.

Le potage paraît ; ils l’écartent avec
mépris, comme indigne de leur digeftion.

Sans déroger à la dignité de mon eſtomac, je m’en empare, & j’en tire un parti honnête. Qu’en arrive-t-il? que m’amuſant à ſouffler, on me ſouffle d’autre part, quatre plats d’entrée, à deux deſquels j’aurais ſu me borner. Ce qui m’était le plus prodigué, c’était le tems d’examiner la maniere dont ces meſſieurs vivaient entr’eux. D’abord, ni politeſſe, ni prévenance: friands comme des loups de chair ſaignante; mangeant de la main gauche; mettant le couteau par-tout; buvant ſans grace & ſans ſoif, ne verſant pas même à leurs voiſins, & ne faiſant pas plus mention de moi, que d’un caraffon vuide. Cependant, au nom de *Milord* que je mets en avant, je m’apperçois que leurs fronts ne demandent qu’à ſe dérider. Déjà il leur échappe quelques mots de Français, qu’ils écorchent paſſablement bien; on me paſſe l’eau, & de proche en proche, j’entre pour un ſixieme dans les plats du ſecond ſervice.

Quand ils furent partis, je dis au garçon qui deſſervait: mon ami, ces Anglais-là ne feraient pas le profit de la maiſon, car ils ne laiſſent rien. — Anglais, Monſieur? ils le ſont comme vous & moi; l’un eſt un garçon de Paume de la rue Mazarine, deux ſont des Metteurs-en-œuvre; le plus grand un Prévôt de Salle, & le blondin un Coëffeur de dames.— Si tu m'avais dit cela à l'oreille, ta fortune était faite.

On a toujours l'air d'avoir dîné quand on prend son café : mon embarras était de savoir où j'irais prendre le mien. Au Caveau l'on est Gluckiste ; chez Foi, Ramiste ; plus loin Royaliste - Anglais ; il faut ne rien être de tout cela , & néanmoins faire en sorte d'avoir toujours raison. Voyons, dis-je , de quelle religion est Madame Huot. J'entre, point de Madame Huot. J'y vois au contraire un homme qui , pour me tirer d'embarras, me dit qu'il avait quitté le Café de Conti pour prendre celui-ci. C'était m'ôter le plaisir de deviner ; car je l'aurais reconnu infailliblement à ses petites tasses, à ses petits verres, à ses petites caraffes. Enfin , après avoir passé par toutes ces épreuves - là, on n'imaginera peut - être pas que dans un lieu où l'on ne respire que Londres & Shakespeare, on ait fait difficulté de me changer une guinée : on doutait même que c'en fût une.

J'étais si harassé de mes courses, si rebuté de mes rencontres Anglaises , que pour éviter d'en faire d'avantage , je prends le parti d'aller passer le reste de la journée chez une veuve de mes amies qui se rend sédentaire , & s'ennuie exprès , dit elle , pour rendre sa maison agréable. La moitié

de la compagnie n'était encore qu'au def-
fert, que l'autre formait deux tables de
jeu. Des termes inconnus dans notre langue
y tournent mon attention. On y eft grave,
filencieux, les cartes s'y donnent à gauche,
parce qu'apparemment cela eft plus dans
la nature, un joueur en gronde un autre ;
il ne m'en faut pas d'avantage pour deviner
que c'eft le Wouisck qu'on y joue. Comme
il eft reçu qu'un galant-homme ne faurait
ignorer le Wouifck, on me propofe, à titre
de bonne fortune, d'être le parténaire d'une
Dame qui fe mourait d'envie d'en avoir un.
Je conviens tout uniment de mon infuffi-
fance, au rifque de paffer pour n'être bon
à rien ; mais une difficulté furvient à l'une
des tables, on fe leve pour aller juger, &
moi, pour difparaître.

Une autre maifon femblait mieux remplir mon objet : le jeu du moins n'y fait
point la bafe de la fociété ; mais en revanche, on s'y pafferait de dîner pour faire
de l'efprit. J'avais bien pris mon tems pour
m'y rendre. Le maître du logis était à
lire à fon petit Comité une lettre de fon
ami Garrick, qui lui faifait part de fa retraite
du théatre, & de la derniere fcène qu'il eut
avec le Public. On y voyait comme quoi
avec dix mille guinées de rente, & la perf-
pective d'une ftatue ou d'un maufolée, ce

Roscius Britannique avait eu besoin de ramasser toutes ses forces, pour quitter un chien de métier où l'on ne vieillit pas impunément. Son compliment de clôture accompagnait la lettre : je vous harangue en prose , dit-il à ses compatriotes , non pas que je ne sache faire des vers , même des vers français , mais parce que la rime & la mesure ne servent que trop à gêner le sentiment. A ce paradoxe étrange , il ajouta que ce jour était pour lui un jour solemnellement terrible; que le sentiment profond de sa reconnoissance resterait gravé dans son cœur; que l'heureux mortel qui le remplacerait , pourrait bien développer plus de talens que lui , mais qu'il le défiait de se donner plus de peine pour plaire à des hommes libres , & d'être plus pénétré du bonheur d'y avoir réussi. Il me paraît , dis - je , en interrompant le lecteur , que votre ami Garrick , avec sa double réputation d'Auteur & d'Acteur , ne s'y prend pas mieux qu'un autre , pour dire des choses neuves sur ces matieres là. Croyez-vous , au reste , qu'il ait fait beaucoup de dupes avec ses phrases entrecoupées de sanglots , & sa syncope à commandement ? On n'a pas jusqu'ici, plus douté de sa belle ame que de ses talens ; & pouvait-on ne pas présumer qu'il serait Comédien jusqu'au dernier mot

C'était peu que Garrick eût pleuré, que
le parquet, les loges, les corridors, les
petits garçons & les petites filles euffent
pleuré; fon ami même, en lifant fa lettre,
toute la compagnie, hors moi, fondait en
eau. Ces pauvres Anglais, s'écriait-on,
qui perdent ainfi l'Amérique & Garrick!
Quant à l'Amérique, répliquai-je, à qui
la faute? Confultez M. de Voltaire dans
les Loix de Minos:

Tout homme eft né foldat contre la tyrannie.

Confultez Corneille dans Pertharite:

Quel bras n'eft pas armé contre la tyrannie?

Vous voyez, mes amis, qu'il n'y a qu'une
voix contr'eux; ces Meffieurs-là veulent
faire les petits Romains: la liberté au dedans, le defpotifme au dehors; plaignez-
les donc. Il n'y a pas jufqu'à Regnier,
qui n'ait penfé à eux.

Quand on fe brûle au feu que foi-même on attife
Ce n'eft pas un malheur, mais c'eft une fotife.

Revenons à Garrick, continuai-je, fa perte
leur eft fenfible, je le crois; il en peut même
réfulter des maux réels pour la Grande-
Bretagne: ne fût-ce qu'un furcroit d'ennui,
que du dégoût pour les plaifirs honnétes,
du relâchement dans la morale, plus de

rudesse dans les mœurs, & moins d'aversion pour la taverne. Si vous aimez tant cette nation, le remede est tout simple; que ne leur envoyez - vous M. le Kain ? Il sait l'anglais ; il compterait par livres sterling comme personne; il est vrai qu'il ne jouerait ni les Amoureux, ni les Valets, ni les Paysans, ni les Ivrognes, ni les Crispins, ni les Sganarelles, ni Charmant dans l'Oracle, ni même un Héros qui ne serait pas aimé. On parut choqué de la comparaison, & je pris congé. Ils en sont encore à essuyer leurs larmes, & à analyser Garrick depuis César jusqu'à Pasquin.

Qu'une nuit paraît longue à la douleur qui veille!

N'en déplaise à l'Auteur de *Blanche & Guiscar :* qu'un jour de persécution, où l'on trouve à chaque pas ce qu'on veut éviter, est encore bien plus long! Il me restait cependant les trois heures de la soirée à passer; le spectacle devenait ma ressource obligée. Mais comme si c'eût été un fait exprès, les Français donnaient ce jour-là *Béverlei*, les Italiens une farce rebattue; je n'eus donc rien de mieux à faire que de me ranger sous la lyre d'Orphée. Comme j'étais à attendre mon tour au Bureau, un langage étranger vint frapper mon oreille: encore des Conjurés, me suis-je dit? Ce que

c’eſt que d’être prévenu ! C’était un groupe
de ſoldats aux Gardes qui ſe régalaient
d’allemand, & vraiſemblablement des *pays*
du Chevalier Gluck, qu’on envoyait de
préférence, à ſes repréſentations.

Je me croyais retranché juſqu’aux dents
dans une ſeconde loge, ou pour mieux
dire, je m’y croyais en lieu-ſauve, comme
un banqueroutier au Temple. Cet eſpoir
était d’autant mieux fondé, que j’y avais pour
voiſins, deux hommes magnifiques qui ſemblaient n’avoir rien à ſe dire exprès, pour
me laiſſer ma douce erreur. Ils avaient l’air
aſſez diſtingué, les cheveux à la vérité faits
de la veille ; mais des bagues à tous les
doigts, & des lorgnettes dans toutes les
poches. Ils ſe panchaient, ſe levaient,
s’aſſeyaient, s’accoudaient & prenaient du
tabac avec grace. Ils étaient ſi extraordinairement polis, que me laiſſant occuper
la moitié de la loge, ils craignaient encore
de me gêner. Ceci commençait à m’intri-
guer. L’attention qu’ils donnaient à la ſcène
était aſſez ſuivie : il eſt à préſumer qu’ils y
prenaient plaiſir, parce qu’ils en croyaient la
muſique françaiſe ; & moi j’étais aſſez bête de
m’en défendre, parce que véritablement elle
ne l’eſt pas. Ils ont beau cependant vouloir
ſe déguiſer ; un accent *fadaſſe*, un mot leur
échappe, & me voici de rechef en Albion.

Au reste, ils avaient nos goûts & nos manieres : par exemple, dans les entr'actes,
ils mettaient le prix à tous les panaches
qui se distinguaient des autres. Celui - ci
vaut bien cent guinées, celui-là dix, cet
autre deux schelins. Je remarquai entr'autres, que les grosses camardes étaient celles
qui avaient les plus beaux panaches; nous
nous ferions admirablement bien arrangés
ensemble.

Je n'oublirai pas de te dire, mon cher Lampito, quel est ce Monsieur Gluck dont je
viens de te parler, & pour lequel on se fait de
Vaugirard quand on veut en parler avec dignité : c'est un de ces génies-protée qui fait de
la musique italienne à Naples, de la française
à Paris, & qui, pour peu qu'on l'en défie,
vous en ira faire de l'insulaire à Londres. Il
faut cependant lui rendre cette justice, que
de tous les Musiciens que nous avons eus
jusqu'ici, c'est celui qui entend le mieux la
scène. Il ne faut pas non plus que ceux qui
l'ont sous-aimé poussent l'idolâtrie jusqu'à
le croire sans défauts. Rien de si absurde
de présumer, parce que cet habile homme
ne se pique pas autrement de faire danser,
qu'il nous faille passer de danse. Que voudrait-on, au surplus, que tant de beaux
bras qui nous sont ouverts, fissent de leurs
jambes ? Soyons de bonne foi & sans hu-

meur. Si nous manquions de certaines chofes avec Rameau , je crains bien que nous n'ayons pas tout avec nos modernes.

J'avais raifon de regarder cette aventure comme une bonne fortune , au prix de celles qui l'avaient précédée. Je n'avais encore vu que des caricatures , que des femblans d'Anglais ; j'en trouve ici de véritables qui craignent fi fort de paffer pour tels , qu'ils prennent notre mafque & nos couleurs. Hé quoi ! je n'avais reculé que pour mieux fauter ; & tu vas voir , mon cher ami, qu'il ne manquait plus au dégoût de voir tant de métamorphofes anglaifes , que d'être pris moi-même pour un Anglais.

Je defcendais l'efcalier de l'Opéra avec poids & mefure , auffi vîte & auffi doucement qu'on me le permettait. Vingt Savoyards femblaient y être apoftés au bas , pour me crier du plus loin qu'ils me verraient : *Milord , faut - il vos gens ? Milord , un falot ? Milord , une voiture ? Milord , c'eft moi qui éclaire la Nobleffe ; Milord . . .* &c. &c. Autrefois, & un jour de barbe, on m'appellait *Monfieur le Comte.* Mais comme il n'y a point de Chancellerie plus univerfelle & moins chiche que celle de ces Meffieurs, on eft toujours fûr d'avoir avec eux les titres les plus frais. Tu fens combien je me trouvais flatté du mien, &

combien encore mieux , je me dérobais à leurs perfécutions.

Je m'en retournais bonnement chez moi, & traverfais le Louvre pour la feconde fois. Je voudrais bien ici , me faire entendre à demi-mot ; parce que d'abord, je fuis un Auteur fort honnête, & que peut-être, j'ai à faire à des Lecteurs plus honnêtes encore. Quoi qu'il en foit, j'ai à te parler de nez retrouffés & de petits chapeaux ; de deux Princeffes , qui fieres de leur coftume anglais, imaginaient qu'il fallait baiffer pavillon devant elles. *Milord*, me dit la plus jeune & la mieux mife, *j'ai une confidence à vous faire. Il y a une femme de par le monde qui vous aime à l'adoration ; je fuis feule & en porte-cochere.* J'avais de l'humeur, dans ce moment-là, & quand j'en ai, je fuis moralifte comme le Diable : jolie , jeune & tournée comme vous êtes, lui dis-je, eft-il poffible que vous faffiez métier-marchandife?.. — Marchandife tant qu'il vous plaira, Monfieur, il y en a de pire que la nôtre ; d'ailleurs , chacun vit du métier qu'il fait faire ; l'Avocat de fa plume , & ainfi du refte. En m'abordant , j'étais *Milord ;* en me voyant partir, je n'étais plus qu'*un petit Pinchebec.*

Je me félicitais déja d'en être quitte dans la traverfée du Pont-Neuf, pour être coudoyé par des faifeufes de confidences ;

c'était parler trop tôt. Quoique la nuit fût aussi obscure que l'avait été la matinée, un ancien ami qui tenait sous le bras une femme que je ne lui connaissais pas, m'arrête en descendant l'escalier, & me dit: *Venez avec nous au petit Dunckerque ; j'ai des étrennes à donner à Madame, vous nous direz votre goût.* J'ai beau m'en défendre, en protestant que j'avais le goût faux, on m'entraîne. Je me crois d'abord dans une lanterne magique, tant ce magasin de futilités est resplendissant de cristaux & de lumieres. Ce n'eût pas été un petit embarras pour moi, que d'appliquer des noms à quantité de choses que l'on y paie très-cher. C'était assez de m'y convaincre, mon cher ami, que les besoins de ta nation l'emportent sur les nôtres, & qu'en fait de frivolités, vous ne le cédez à personne. Je ne fis pas de questions au Marchand, de peur d'avoir l'air d'être neuf; mais je lui donnai à entendre qu'il aurait besoin dans sa boutique, d'une Table raisonnée des matieres, pour l'intelligence des Curieux.

Ce n'était pas la peine pour une chaîne de montre qu'on voulait s'y donner, de m'épuiser en conseils & en admiration. Je pris le moment où l'on était à délibérer, pour continuer ma route.

J'étais presque dans mon voisinage,

qu'une scène la plus incroyable qui fût jamais, m'attendait pour mettre le comble à tout ce qui m'avait révolté de la journée. Frappé de l'éclat d'une grande lumiere, je me détourne de quelques pas, pour satisfaire ma curiosité. Quoi de plus inouï pour l'œil d'un citoyen indisposé d'avance contre l'Anglomanie, que la façade d'un Café couverte de lampions, d'emblêmes & d'inscriptions anglaises! que la fête indécente & tumultueuse qui s'y donnait au dedans, en réjouissance, à ce que j'appris, de certains avantages remportés par les Anglais, sur les Insurgens ! Il était déjà arrivé à ce même Limonadier de donner de ces démonstrations de joie publiques, dans un tems où ce n'était pas avec leurs Colonies que les Anglais avaient la guerre. Il est des momens dans la vie, où l'on voudrait être jolie femme ; d'autres, de l'Académie ; d'autres , Caissier des Fermes ; d'autres , premier Ministre ; d'autres Inspecteur de Police.

J'empoignais, grace au ciel ! le marteau de ma porte. Adieu, me disais-je, avec une satisfaction intérieure , adieu les *Jockeis*, les grandes boucles, les petits chapeaux, les grosses cravates, le wouisck, le punch, les drames , les doubles coutures , les crayons, les rasoirs, le petit Dunckerque,

&

& tout ce que Londres produifit jamais de jolis modeles ; adieu , dis-je , vous ne me verrez de long-tems , vous ne me fuivrez pas dans ma retraite, on ne parlera plus de vous.... Que dis-je, on me remet en rentrant, la carte d'un de mes amis de Province, & fon adreffe eft *à l'Hôtel des trois Milords* : je monte l'efcalier, j'y trouve un Ferblantier qui pofe un réverbere anglais: j'ouvre & referme ma porte, j'y mets enfin les verroux; ma chere moitié qui ne fort, de compte fait, que trois fois en deux ans, me dit avoir un cadeau à me faire : devinerais-tu quel était ce cadeau, mon ami ? Un tricot d'Angleterre. Qu'on me dife , après cela , que la fatalité n'était qu'un rêve des an-ciens, que toutes les étoiles font bonnes ! Avais-je à me louer de celle qui préfidait à mes courfes, qui avait juré de faire cejour-là, mon fupplice ? Il ne lui manquait plus, pour affouvir fa malignité , que de m'offrir de la viande crue dans de la fayence an-glaife.... mais je ne voulus pas fouper,

Il faut cependant dire à l'avantage des Dieux, qu'ils ne font pas toujours auffi injuftes qu'on a intérêt de le faire croire. Du moins m'ont-ils amplement dédom-magé dans la nuit, des défagrémens de la journée. Les fonges qu'ils m'ont procurés étaient de main de maître : la preuve qu'ils avaient passé par la porte d'yvoire, c'est qu'ils me transporterent chez mon ami Lampito, & me mirent de ses promenades. Quel plaisir, ou plutôt, quelle revanche ne prenais-je pas à parcourir avec toi ta longue Ville enfumée, où il m'a paru que les enseignes françaises, nos modes tronquées, vos merveilleux petits-maîtres étaient bien l'équivalent de ce que nous ne sommes pas si gauches à copier. Non, je n'aurais pas donné cette nuit-là pour la journée de Salamine ; aussi, était-ce une nuit d'hyver.

Tu vois, mon cher ami, où nous en sommes réduits : si tu voulais jouir maintenant de quelque considération en France, il faudrait commencer par t'arranger de la dépouille d'un de tes vieux parens, n'être que contradiction de la tête aux piés ; prendre, par exemple, toutes les précautions possibles contre le froid, & en même tems, te garantir de l'impression du soleil. Concevras-tu seulement qu'un peuple qui donna si long-tems le ton à toute l'Europe, pour le goût, la politesse & l'urbanité, dont les productions dans les Arts tant utiles qu'agréables, ont servi jusqu'ici de regle à ses voisins, soit copiste à son tour?... De qui? de votre nation, qui de toutes, est celle qui contraste le plus avec nos

(51)

mœurs, qui eſt notre ennemie née, qui s'eſtime ſeule, ne s'aime pas elle-même, & nous voudra d'autant plus de mal dans toutes les occaſions, qu'elle ne peut ſe diſſimuler les avantages que nous avons ſur elle, tant du côté du moral, que du phyſique.

L'Hiſtoire nous apprend bien que Cyrus après la priſe de Babilone, ſortit de la ſimplicité de ſes mœurs, pour ſe pavaner d'une certaine cavalcade qui fut l'époque de la corruption des Perſes ; que Pauſanias, après les victoires de Platée & de Byzance, adopta l'habillement des Barbares, & qu'au mépris de l'auſtérité Spartaine dans laquelle il avait été élevé, il affecta d'imiter leur ſomptuoſité & leur magnificence ; nous voyons bien dans Juvénal, que dans Rome & Rome victorieuſe, les mœurs Grecques devinrent tellement à la mode, que les Dames Romaines, non contentes de parler l'Atticiſme, y voulaient encore aſſujettir leurs maris :

Soleciſmum liceat feciſſe marito.

Que peut-on inférer de là ? Que ce n'était que du petit au grand que ces imitations avaient lieu : il n'eſt que trop ordinaire dans la proſpérité, de ſe laiſſer entraîner à des choſes qui donnent de l'éclat & de la confidération : c'eft une des grandes jouiffances des femmes ; c'eft par-là qu'elles nous apprécient , c'eft auffi par où nous débutons pour leur plaire. Je fuis perfuadé que Darius & Xerxès ne fe feraient pas échangés contre Agéfilas, cet Agéfilas qu'on defirait tant de voir à Memphis , & qu'on ne regarda plus quand il y fut , à caufe de fa mauvaife mine. Chacun fait , d'ailleurs , qu'au théatre , que dans les fêtes publiques, dans les plus auguftes cérémonies, l'or, la pourpre & les pierreries n'y jouent pas les moindres rôles ; que le Pontife & le Monarque n'ont quelquefois pas jugé cette grandeur d'apparat inutile ; que Louis XI fut blâmé de l'air négligé qu'il eut toute fa vie , & que Diogêne ne fit pas renchérir les tonneaux.

Qu'y a-t-il , au contraire , à gagner pour nous , de porter vos capots, de monter vos chevaux, de jouer vos jeux , d'imiter vos drames, & de nous accrocher de folive en folive ? Quel motif nous ferait donc préférer un caractere trifte & farouche à une folie aimable qui n'eft nuifible à perfonne ? Serait-ce le fantôme de la liberté que l'on croirait embraffer, en écartant de la fociété tout ce qui eft géne & bienféance ? Non, dis-je, il n'y a que le défœuvrement, le caprice, la fureur de fe diftinguer, ou l'oubli de soi-même, qui puisse donner lieu à ces idées de mascarades. Nous voyons tant de choses extravagantes, qui ont si peu besoin d'être réfutées, qu'il ne faut qu'un Héraclite pour en pleurer, & un Démocrite pour en rire.

Oui, mon cher ami, il faut qu'une nation quelconque, reste attachée à ses usages ; que l'on puisse dire avant qu'un homme ait parlé, voici un Espagnol, un Allemand, un Anglais ou un Français. J'ai déjà dit ailleurs (1) que les habits tenaient plus aux mœurs qu'on ne l'imagine : toi-même, puisque tu vis dans le sein d'Albion, tu t'écartes un peu de mes principes, en mettant la bride sur le cou à ta Francomanie. Ces hommes si vains, si fiers des vertus que l'on a eues pour eux & qu'ils se croient dispensés d'avoir, qu'ils aillent donc se reconnaître dans les tableaux de leurs peres, & voir si nos anciens Chevaliers avaient l'air de mener les bœufs.

Il résulte donc de ma Lettre que je ne t'ai rien appris dont tu puisses me tenir compte, hors que si l'Anglomanie, cet

---

(1) Dans *Vanlrock*, Poéme héroï - comique en huit Chants, chez *Ruault*, rue de la Harpe. Après l'analyse incroyable que M. l'Abbé Grosier en a faite, j'ai le choix de passer pour Philosophe, ou pour Janséniste.

Écart frénétique qui nous rend méconnoissables aux étrangers & à nous-mêmes, est encore susceptible d'accroissement, je me verrai obligé de t'aller joindre à Londres, pour avoir le plaisir d'y vivre & mourir en Français.

Adieu, mon cher Lampito : avant de prendre une résolution si bisarre, j'aurai peut-être encore le tems de t'écrire quelques Lettres, sur beaucoup de choses qui n'ont lieu que dans un pays à grande effervescence. Ce ne sera néanmoins qu'autant que celle-ci ne t'aura pas déplu, & que ceux qui en auront communication ne feront pas plus difficiles que toi. Il faut bien avec moi se contenter de balivernes, puisqu'enfin je ne suis pas assez savant pour ennuyer méthodiquement mes amis.

De Paris, ce 1 Février 1777.

LETTRE II.

C'EST déjà, mon cher ami, une chose aſſez rare qu'un Empereur ; juge donc combien il eſt rare d'en trouver un qui fait repréſenter pour lui, & qui penſe pour ſes Miniſtres.

Il ſuffirait preſque de l'être pour ne douter de rien, & ne le pas céder en préſomption, à quelques-uns de nos gens de qualité : mais l'Empereur, dont j'ai à t'entretenir, ne fût-ce que pour te réconcilier avec les Souverains, ne crut pas faire un voyage inutile en France, du côté des connaiſſances, après ceux qui l'ont fait connaître ſi avantageuſement en Italie, & dans différens Etats.

J'imagine bien que le deſir de revoir une ſœur chérie & de connaître un jeune Monarque, ſon beau-frere & ſon allié, lui fit d'abord penſer à nous : tu peux joindre à ce motif une ardeur incroyable de s'inſtruire des mœurs, des loix, de l'adminiſtration, des reſſources d'un grand Royaume. Il y avait là de quoi exercer le génie & le cœur d'un Souverain qui facrifie tout aux objets utiles.

Comme rien n'eft plus à charge dans un long voyage , que ce qu'on appelle grandeur d'apparat ; qu'il faut bien des malles pour la ferrer , bien des chevaux pour la traîner , bien du monde pour la mettre en œuvre , & que d'ailleurs , elle fe mange aux vers , il la reléqua dans fon garde - meuble , & ne fe chargea que de la plus commode , celle qui eft inféparable de fa perfonne.

C'eft donc fous le nom de Comte de Falckenftein , que Sa Majefté Impériale , Jofeph II partit de Vienne , fans efcorte , fans Capitaine des Gardes , fans même la moindre marque qui le diftinguât de ceux qui l'accompagnaient. Ce nom , à la vérité , n'eft pas des plus harmonieux ; peut - être voulut - on par - là déconcerter l'Epître : en cela , M. le Comte s'eft grandement trompé ; car on laiff le Falckenftein derriere , & on ne lui fit pas moins des vers durs.

C'eft bien à la honte des Dieux , que le grand Jupiter ne fe conduife plus , que comme une jolie femme , par caprice. On fait quelle fut fa complaifance pour le fecond des Céfars : *nocte pluit totâ* , *&c.* Mais depuis qu'il n'a plus de Capitole , que les Aigles ne font plus de fon volet, on dirait que les Céfars lui font moins que rien : auffi M. le Comte partit - il par un tems déteftable, & n'en eut guères d'autre pendant fa route. On ferait tenté de croire que ce maître de l'Olympe lui en veut, parce qu'il ne lui a pas encore immolé de victimes humaines, ou plutôt parce qu'il lui difpute d'encens.

Mettez - vous donc fous la garde d'un Dieu qui ne fe connaît feulement pas en hommes; car depuis qu'on l'a vu à Olympie, avec un foudre de quinze piés à la main, fe laiffer tondre comme un mouton par des brigands, on aurait dû lui donner un premier Miniftre.

Il eft conftant qu'un Prince à réputation tel que Jofeph, devait s'attendre en tra-verfant fes Etats, à trouver beaucoup de monde fur fon paffage; n'y eût-il que ceux à qui il a fait du bien, ceux à qui il vou-drait en faire, il y avait matiere à un ample concours.

Il faut fouhaiter de bons Souverains, difait Epicure, & fe foumettre à ceux qui gouver-nent mal. Cet Epicure, mon cher ami, n'au-rait pas pris en Angleterre avec de telles maximes & cette foumiffion aveugle coute-rait également à beaucoup d'autres peuples : mais ici, le vœu des Germains eft rempli à bien des égards , & ils ne se font pas violence pour aller au-devant des volontés d'un Maître qui est aussi leur pere commun ; moyennant quoi, les bénédictions ne lui manquerent pas à chaque poste ; mais le tems n'en devint pas plus beau.

C'est en vain que l'on se persuade que les Cercles de l'Empire font menacés de devenir cerceaux : on a cependant vu les Princes qui les composent, s'empresser d'accueillir Joseph, non pas comme un Chef dont ils ont tout à craindre, mais comme s'ils avaient beaucoup à espérer de lui ; & soit qu'un *incognito* en autorise un autre, ils s'y font pris de façon à lui rendre hommage sans le fâcher. Par exemple, la fausse-enseigne, le postillon supposé font des traits de supercherie, on ne peut plus galans ; nous n'aurions pas mieux fait en France.

Chez toi, mon cher ami, où le peuple est toujours en-deçà ou au-delà de la raison, où les grands font quelquefois plus peuple que par-tout ailleurs, M. le Comte n'en aurait pas été quitte à si bon marché : que dis-je ? deux mots d'anglais de sa part, accompagnés de son gracieux sourire, auraient commencé par y tourner les têtes, & l'on aurait fini par s'atteler à son chariot de poste, au risque de le verser.

J'ai vu le moment où cette mode allait

s'introduire ici, & couronner nos augustes folies : c'était au retour d'un voyage de Compiegne ; on en eut vent, on trompa l'espion. Que des sujets se dégradent par leurs passions ou par leurs vices, quand la Loi a fait de son mieux, le Gouvernement n'y peut que faire : mais qu'ici des hommes se mettent au rang des brutes, rien de si déplorable pour l'humanité, & de moins glorieux pour le Trône : le Roi a bien sa grande & sa petite écurie ; comment aurait-il fallu appeller celle-ci ?

S. M. I. vit sans doute bien des choses depuis Strasbourg jusqu'à Paris, c'est-à-dire, des ponts levis, des arsenaux, de la tactique, des habits courts & de grands bonnets : mais tout ceci n'avait rien de piquant pour lui, c'était beaucoup que d'éviter les harangues.

Jusque dans les moindres démarches d'un Prince, on remarque ses vues sages & sa politique : qui croira que Joseph ait combiné le jour & le moment de son arrivée à Paris ? Un jour ouvrable, s'est-il dit, le peuple va me sacrifier une demi-journée de son travail ; au lieu qu'un dimanche, je ne lui ferai redevable que des Vêpres.

Quoique M. le Comte de Falckenstein ne soit pas dans l'habitude de se faire attendre, qu'au contraire, il arrive quand on y

penſe le moins , on l'attendit très - long-
tems à la Porte Saint Martin , même une
heure après qu'il fut entré. On avait bien
vu paſſer des chariots de poſte , on crut
que ce n'étaient que les équipages. Quand
on ſut qu'il y était pour ſa part , chacun
s'en était douté & croyait l'avoir reconnu.
C'eſt dans la premiere , dans la ſeconde ,
dans la quatriéme voiture , ſe diſait-on ; à
ce compte , il y avait un Empereur par
chariot. Il n'y a pas juſqu'aux poſtillons ,
qui ne ſe ſoient diſputés l'honneur de l'avoir
conduit. Avec tout cela , rien de ſi déſa-
gréable pour un Auteur qui a des *impromptu*
dans ſa poche , de ne ſavoir à qui les pré-
ſenter. Tu ſais comme moi , mon cher
Lampito , que ces ſortes d'ouvrages , du
jour au lendemain , perdent beaucoup de
leur fraîcheur.

La renommée aux longues aîles , ne tarda
pas à répandre le nom de Joſeph aux quatre
coins de Paris : après un voyage de Verſailles où des affaires de famille l'appellaient,
les premiers ſoins de ce Prince ſurent d'aller
viſiter l'Hôtel - Dieu , ſans même donner
le tems au Suiſſe de paſſer ſon baudrier.
Un Souverain qui met en tête de ſon agenda
la viſite d'un Hôpital , n'a ſûrement pas
envie d'y envoyer perſonne. D'après les
ſentimens d'humanité qu'on lui connaît ,

S. M. I. ne put qu'être touchée du tableau de la misere qui s'y deſſine en grand , & ſur-tout étonnée d'y trouver cinq perſonnes dans un lit ; deux qui ſe mouraient , deux qui dormaient , & le cinquiéme qui demandait à manger.

On ne choiſit vraiſemblablement pas ce moment - là pour ordonner de ſaigner tout un côté de ſalle , & de purger l'autre.

Quoique ce ne ſoit pas pour y trouver ſes aiſes qu'un pauvre diable attaqué de maladie ſe fait porter à l'Hôtel-Dieu , il n'eſt pas moins de la derniere indécence de dire que ſi l'on y était ſi bien , on y viendrait par partie de plaiſir. C'eſt avec ces principes auſſi faux que barbares , que des tyrans de Province ſe croient obligés de vexer le pauvre peuple , parce que , diſent - ils , il ſerait trop inſolent , s'il avait ſeulement du pain pour ſa ſemaine.

Les Freres de la Charité eurent leur tour immédiatement après , & furent vûs d'un meilleur œil. Nous avons trop de moines qui s'occupent de nos ames & peu de nos corps. Ceux-ci heureuſement , ne font pas de Miſſions , ne compoſent pas des Livres de controverſe , n'admettent de grace de là haut , que celle qui leur inſpire d'être utiles à leurs freres ; ils attiſent leurs fourneaux & non le fanatiſme ; font de bons

Cours d'Anatomie , faignent , purgent un malade, & lui rendent l'apétit; que veut-on de mieux? Eſt-il devoirs de Religion mieux remplis que ceux-là? Le ſervice des Autels ne s'en fait pas moins; mais auſſi leur chant n'a rien de traînant, leur orgue ne fredonne pas des airs entiers d'opéra , l'Ouverture d'Iphigénie , ni la Chaſſe de Zaïde ; en un mot, l'heure de la Priere eſt chez eux, le moment où repoſent leurs malades, & il vous expédient Vêpres & Salut, auſſi preſtement qu'une colique de Peintre.

Ils ont dans leur Egliſe un tombeau qui eſt bien analogue à la piété du lieu; celui du Prêtre Bernard. M. le Comte ſe ſera fait dire , ſans doute, que ce Prêtre l'édification de ſon tems , qui ſacrifia une partie de ſa vie & tout ſon bien au ſoulagement, à la conſolation des malheureux, commença comme la plûpart de nos Abbés modernes, par eſſayer de tous les plaiſirs mondains, par jouer la Comédie Bourgeoiſe : différent d'eux néanmoins , ce n'était pas pour faire fortune qu'il ſe rendait agréable : la ſeule grace qu'il demanda au grand Armand , prouve bien que de ſa vie, il ne courut les Bénéfices; au lieu qu'il en eſt de nos jours, pour qui la Feuille de Monſieur d'Autun , ne ferait tout au plus qu'un *in-12.*

Les hommes de cette trempe ſont , je

(63)

crois, aussi rares que peu loués : s'il y avait néanmoins, des pendans de tombeaux, comme de tableaux & d'estampes, ce serait, d'après l'éloge qu'en fit M. le Comte, à l'Abbé l'Epée, qu'il faudrait penser dans le tems.

Je n'ai que faire de te dire, mon cher ami, quel est ce digne Abbé : son zèle, sa patience & ses succès ont porté son nom plus loin que l'Angleterre : les sourds & les muets rentrent par lui dans la société des hommes ; il supplée l'organe & étend l'intelligence. Heureusement que le bien moral jouit ici d'une pleine franchise, & qu'il ne faut pour l'exercer, ni lettres-patentes, ni privilége exclusif.

Ce n'est pas que vous n'ayez chez vous des établissemens de piété remarquables ; que vous ne soyez aussi bien montés que nous, en malades & en hôpitaux. Si nous avons des petites - maisons, vous en avez six contre nous une : mais tout n'y est pas, comme chez nous. Nous n'avons cependant pas d'Hôpital comme la Tamise, pour la guérison prompte des maladies de cerveau, & si votre Marine en a aussi un fameux, peut - être avec le tems, ferons-nous en état de vous le disputer, suivons l'Empereur aux Enfans-Trouvés.

Il ne put qu'applaudir à l'ordre & à la

propreté qui régnent dans cette Maison. Il n'aura pu se dispenser de s'entendre réciter des vers ; car on en récite à tout le monde, & l'on a besoin d'y exciter la commisération publique. Hélas ! il vient un tems où ces jolis enfans, choisis pour faire les honneurs de leur Crêche, n'ont plus de vers à réciter. La nature, dit Juvénal, prouve bien qu'elle nous créa sensibles, en nous donnant des larmes : c'est ici qu'elles devraient couler abondamment, lorsque sur ces fronts timides & ces joues virginales, on voit l'innocence & la gaîté braver de loin l'opprobre qui les attend. Quand ils jouent entr'eux, quand ils se caressent, lorsque par un mouvement de reconnaissance ils embrassent leurs meres adoptives, les seules qu'ils connaissent, ils ignorent, sans doute, que des préjugés barbares existent contr'eux, que la loi, d'accord avec l'opinion, ne se lasseront pas de les accabler. Quel est l'homme de bien, digne à son tour d'être plaint, capable enfin de réfléchir vertueusement, qui puisse approcher de ces lieux, sans avoir le cœur gros de soupirs & les mains pleines de secours ? Celui-là seul, peut-être, qui en fait le rempart de son incontinence.

Tant qu'ils sont en communauté, ils ne peuvent manquer d'intéresser ; qu'une fois abandonnés à eux - mêmes & confondus dans le tourbillon, ils aient à vivre de leur travail, l'intérêt se divise & bientôt s'anéantit. On leur apprend des métiers, ils y gagnent leur maîtrise, à la bonne-heure : mais rarement ils font en état de s'établir ; le font-ils même, de jouir raisonnablement de leur liberté ?

En bonne politique, il faut que le malheur ou le débordement des sujets tourne au profit de l'Etat. Il y aurait donc un excellent parti à tirer de cette espece d'individus, qui serait de les destiner à la Marine. On entrevoit d'un coup d'œil qu'ils n'y seraient pas déplacés. Ne tenir à personne par les liens du sang ou de l'amitié, avoir sans cesse devant les yeux des parens aussi cruels qu'ignorés, se voir les avenues de la fortune & de l'honneur interdites, n'avoir enfin de propriété que sa patrie, de maître que son Roi, voilà bien, je pense, de quoi faire des marins intrépides. Ajoutez-y qu'il faudrait pour expier leurs faiblesses, que les meres de ces infortunés fussent obligées d'aller se délivrer de leurs fruits en rade de nos Ports les plus voisins, afin que plongés dans la Mer, comme Achile dans le Styx, ces nouveaux & intimes Citoyens fussent ondoyés de l'élément qui d'un côté, leur offrirait l'avance-

ment & la gloire ; de l'autre , la honte &
le tombeau.

Voici, à te parler franchement , des
idées bien singulieres ; mais enfin , mon
ami , ce sont des idées ; & elles n'ont pas
été perdues pour tout le monde. Il y a
quinze à seize ans que des Mémoires à ce
sujet , ont été présentés au Ministre : je ne
sais trop ce qu'on en a fait ; mais il est notoire,
que ce projet fut en partie exécuté chez
vous , & que dans le préambule de l'éta-
blissement , le Ministere Anglais ne fit que
traduire l'original Français.

Peut-être sommes-nous dans un tems
à revenir sur nos pas à cet égard : c'est peu
de chose que la perte de ces Mémoires ;
toutes les idées accessoires se trouveront
indubitablement, dans la tête de l'homme
en place qui en saisira l'idée primitive.

Les premieres courses que l'Empereur
fit dans Paris, il jouit sans réserve de son
incognito ; jamais Auteur siflé ne le garda
mieux. On commença par connaître son
habit, & faute d'en changer, on reconnut sa
personne. Le nombre des curieux s'accrut
étonnamment en peu de jours , de-là la
foule ; & il lui est presque devenu impossible
par la suite, de faire un pas qu'il ne fût
précédé , suivi, ou attendu d'une infinité
de monde.

Sa réputation était faite il y avait du tems : mais il n'était pas indifférent à M. le Comte de Falckenftein , de la faire ratifier par un grand Peuple fouvent in-crédule , & toujours difficile fur des vertus qui ne font pas de fon tableau.

Lorfque Washington aura confommé fon ouvrage , s'il entend fes intérêts , s'il veut jouir délicieufement de fa gloire , c'eft à Paris qu'il faut qu'il fe montre. C'eft là que fe diftribuent les prix, que l'encens eft le plus pur, que les grands noms fe perpétuent.

Un Gentilhomme avec cent mille écus de rentes , un demi-Connaiffeur , un demi-Savant , difait un vaillant Frondeur , aurait pu faire tout ce qu'a fait l'Empereur , excepté d'embraffer la Reine , & perfonne n'aurait pris la peine d'en parler. Vraiment, je le crois bien : premierement , on ne l'aurait pas fu ; fecondement , on n'aurait pas eu d'intérêt à le favoir. Des Marchands, des Traiteurs , des Artiftes l'auraient pu placer dans leurs Annales ; mais après lui un autre, & le dernier venu eft toujours le plus honnête-homme & le plus aimable.

Au lieu qu'ici, c'eft le Chef d'une nation confidérable, c'eft un Prince dont la con-duite & le bon naturel font d'une influence précieufe fur tout ce qui l'avoifine , chez qui même des qualités bourgeoises se transforment en vertus héroïques ; & n’est-ce rien, dis-moi, qu’un héritier des Césars, qui en est sans cesse aux prises avec les causes de la pauvreté & l’abus des richesses ? qu’un Potentat, qui affichant par-tout une simplicité de mœurs digne des premiers âges, donne à ses peuples l’exemple de la patience & du travail, & qui marquant à chacun les devoirs de son état, ne rougit pas de sortir de tems en tems du sien pour se rapprocher d’eux ?

Les Rois seraient bien malheureux, si on ne leur tenait compte de leur bonhomie & de leur sensibilité ; si on prenait leur économie pour avarice, leur modération pour faiblesse. *Fulmen est, ubi cum potestate habitat iracundia*, dit un ancien : mais à quelque degré que le possede M. le Comte, quelque soit son flegme quand il réprimande, je ne conseillerais à personne de lui répondre, s’il demandait l’heure : *l’heure qu’il plaît à Sa Majesté.*

Exceptez-en le Czar Pierre I, qui n’était pas de notre arrondissement, on n’avait pas vu d’Empereur dans Paris depuis Charlequint ; ce qui rendit la venue de Joseph II plus piquante. Mais quelle différence de Joseph à Charles ! quel était le plus beau à voir ? On sait que celui-ci n’était

rien moins que modeſte & eſclave de ſa
parole ; qu'il aimait à répandre le ſang ;
qu'il faiſait comme Lyſandre, où la peau
du lion ne pouvait atteindre, il y cou-
fait celle du renard ; que les dais , les
arcs de triomphe , les proſternations & les
harangues ne l'effrayaient pas ; & que
François I, pour le ſervir ſelon ſon goût,
eût au défaut de Marot, rimé lui - même
en ſon honneur : Joſeph , au contraire ,
n'aime ni draperie , ni cortége ; il s'en tient
à la véritable gloire qui conſtitue le bon
Souverain, le pere de ſes peuples, l'honneur de l'humanité. De ſorte que de ces
deux Céſars , l'un ſe conduiſit en France
de maniere à s'y faire arrêter ; l'autre ,
à s'y faire retenir.

L'Hiſtoire fait auſſi mention qu'après la
Paix de Nice, une Reine de Hongrie , à
l'inſtar de Charlequint, vint à Paris ; on
chanta beaucoup ſa beauté , ſon eſprit &
ſon mérite. Les circonſtances ſont bien à-
peu-près pareilles ; mais ſi la marche était
la même , nous aurions auſſi de grandes
vertus à célébrer.

Tel eſt le ſyſtême de M. le Comte de
Falckenſtein ſur le fait des louanges. Il
eſt perſuadé d'abord , qu'il n'y a qu'un
pas de la louange à la flaterie ; que ſouvent
elle n'eſt qu'un commerce de menſonges

fondé d'une part, fur l'intérêt, de l'autre, fur la vanité ; que loin de nous donner les qualités qui nous manquent, elle nous ôte ou affaiblit celles que nous pourrions avoir, & qu'enfin la modeftie eft au favoir ce que la pudeur eft aux graces. D'après cela, je ne m'étonne pas de la maniere qu'il s'y prit, pour fe mettre au courant de beaucoup de Poéfies qu'on lui a adreffées : en effet, on loue actuellement comme des valets, ou l'on mord comme des enragés.

La preuve que M. le Comte eft ennemi déclaré de toute efpece de louanges, c'eft qu'il ne s'arrêta pas à Ferney, de peur, comme difait Fontenelle, de fe voir loué tout vif, par l'homme de France qui loue le mieux, & le plus folidement. Mais laiffez faire M. de Voltaire ; on ne perd rien avec lui, quand on a bien mérité de fon fiécle.

Il n'eft pas que ce Prince n'ait été élevé dans des préjugés défavorables aux Français ; nous étions en guerre avec la Maifon d'Autriche, lors de fa grande jeuneffe. Mais les tems font changés, les intérêts ne font plus les mêmes ; néanmoins, nous n'avons rien fait, pour lui faire perdre fes préjugés, que d'être un peu au - deffous de ce que nous étions. Heureufement, il n'a pas pris notre franchife & notre cour-toifie pour des grimaces, en bien des occaſions, il a prouvé qu'il a mieux connu la Nation en quinze jours, que d'autres qui devaient en faire une étude, & ont paſſé leur vie à la méconnaître.

Il a même été ſurpris de rencontrer dans Paris tant de monde inſtruit, d'y voir le point de perfection où certains arts ſont portés, l'univerſalité des talens que l'émulation, les récompenſes de la Cour & la vanité des riches ſont éclore. Surpris, on ne peut davantage, de trouver un ton de politeſſe & d'éducation, une facilité à s'énoncer juſques dans des perſonnes que l'on croiroit faites à peine pour ſe tirer du pair dans une anti-chambre.

Mais auſſi, les bras lui ſeraient bien tombés de voir que parmi tant de palais ſuperbes, d'hôtels magnifiques, de monumens de tout genre, il exiſte dans cette Capitale, tant d'illuſtres débris, tant d'édifices qu'on n'acheve pas, avec tant de moyens de les achever.

On aſſure que M. le Comte reviendra nous voir, quand le Louvre, Sainte Genevieve, la Magdelaine, S. Philipe du Roule, la Comédie - Françaiſe & la Garre ſeront achevés, le Palais rétabli & l'Hôtel - Dieu placé ailleurs. En ſuppoſant que la Parque ſoit de moitié dans cet arrangement, nos

Architectes fauront bien d'ici à ce tems-là, lui préparer d'autres ruines.

Quant aux Comédiens qui font enfemble avec le Pont-Neuf, le théâtre & le pont de la Nation, quelque defir qu'on leur fuppofe de retourner dans leur ancien quartier, ils peuvent s'attendre à refter aux Thuileries, jufqu'à ce qu'ils y aient mis le feu, ou joué mes piéces.

Pour ce qui eft de Sainte Genevieve, ce ferait une perfidie de la traîner en longueur, vu qu'il tarde au gros de la Nation de fe mettre en poffeffion de la vieille Eglife : c'étoit du moins le projet du tems, d'en faire une efpece de Weftminfter, à l'effet d'y enterrer tous les grands hommes de la Monarchie, en la Compagnie de Defcartes. Si jamais ce projet à lieu pour la gloire des Lettres & l'édification des non-lettrés, tu verras, mon cher Lampito, qu'il fera difficile d'avoir fon tour, pour y retenir des places.

Ce ferait toutefois un genre d'établiffement qui ne pourrait qu'enchaîner le fuffrage de tes Compatriotes : mais non, ils ont le cœur fur les lévres, & ils ne manqueront pas de dire : *Où les prendront-ils ?* Ceci pourrait aller de pair avec le jugement qu'on porte aujourd'hui chez toi, qu'un fiécle extraordinairement vanté,

n'avait

n'avait de grand irrévocablement que les perruques. Rien n'empêche cependant, que tout ce qui a été dit, écrit, récité, deſſiné, peint, gravé, ſculpté, édifié de ce tems, ne trouve encore des admirateurs & ne ſerve de modèle à toute l'Europe. En tout cas, ſi c'eſt avec de grandes perruques que l'on fait tout cela, vous ne faites point ſi mal de nous faire paſſer de vos petits bonnets.

Tout ce que nous pouvons vous réciproquer, c'eſt qu'en attendant que vous l'emportiez ſur nous, dans beaucoup d'Arts tant utiles qu'agréables, même en tout ce qui eſt d'adreſſe & de combinaiſon, nous vous enverrons Maſſon pour vous donner des leçons de Paume, Philidor pour vous en donner d'Echecs, & le Chevalier de St. George pour vous montrer l'eſcrime.

Cependant, mon cher ami, il eſt notoire que vous n'êtes pas chiches de ſtatues, & que vous les prodigueriez aſſez indifféremment, ſi vous aviez des Statuaires, & ſi vous n'étiez pas trop fiers pour employer les nôtres. Car, enfin, nous en avons ; témoin le Mauſolée de M. le Dauphin, où je t'arrête.

Il ſemble que le Tems ait pris plaiſir à s'y deſſiner lui - même, pour marquer ſa durée : un Dieu de l'Hymen y eſt d'un modèle à en faire aimer les liens ; & la Religion qui tient le devant du groupe, a tant de nobleſſe, offre tant de douceur & de conſolation, qu'il n'eſt pas d'homme de bien, en la voyant, qui ne deſire de mourir dans ſes bras.

Mais par une fatalité inſurmontable, l'ouvrage eſt à peine achevé, à peine Coſtou entrevoit ſa gloire, que la faulx du tems le retranche impitoyablement des humains. La récompenſe des grands talens, l'Ordre de St. Michel ne vint à point-nommé que pour honorer ſa tombe. Par exemple, mon cher Lampito, ſi tu avais chez toi, des morceaux de ce ton à m'of-frir, j'aurais un double plaiſir à t'aller voir à Londres.

J'y trouve néanmoins un petit défaut, qui heureuſement, ne regarde pas l'Artiſte, c'eſt l'inſcription. Qu'on me diſe donc pourquoi du latin ? D'où vient cette pédan-terie affectée ? Douterait-on de la durée de notre langue, après les ſoins qu'y donne l'Académie ? A quoi cela reſſemble-t-il de vouloir faire un grimoire des vertus d'un Héros aux dix-neuf vingtiemes des Lec-teurs ? Sommes-nous ſans exemple d'inſ-criptions françaiſes ? Louis XIII en a ; &

pour deux vers qu'il fallait ici, on les trouve tout faits dans Gombaut.

Quand le ciel d'un héros veut un siécle honorer,
Il n'en fait que la montre, & soudain le retire.

Revenons à l'Empereur. Il était à Paris depuis trois semaines, que je n'avais pas encore eu la satisfaction de le voir. Des affaires domestiques me retenaient dans mes champs ; & je dois les premieres notions que j'eus de sa personne, à des gens de Campagne qui n'ont qu'une maniere d'apprécier leur monde. Je me flattais, au reste, que le Roi nous l'aurait amené en chassant ; mais non, c'était à la Plaine des Sablons que je devais satisfaire ma curiosité. Le tems était douteux ; mais enfin, il s'est décidé en faveur des panaches, qui tous étaient en l'air ce jour-là. Jamais Reine de France n'y parut avec autant d'éclat ; on eût dit qu'on y passait en revue les richesses de l'Indostan.

C'était aussi un spectacle nouveau, que d'y voir à la suite d'une Majesté, une autre Majesté, qui n'était pas inconsolable d'y figurer en Officier de Dragons, bréveté de la veille. Si les Empereurs se prenaient à la taille, il aurait fallu bien des passe-droits pour faire arriver celui-ci au Trône ; & si le ciel lui destine quelque nouvel

Empire, que ce ne foit pas fur-tout celui du Mogol : il n'y aurait pas de grandes réjouiffances quand il fe ferait pefer.

Mais comme l'étude & la réflexion forment le jugement, l'exercice donne au corps une force & une agilité qui ne fe conçoit pas. Jofeph II, vraifemblablement, n'a rien négligé, pour fe procurer l'une & l'autre. Auffi, la moleffe n'a-t-elle aucun accès chez lui ; rarement le fommeil prend fur les foins de fon Empire ; & il ne lui eft jamais arrivé *de rentrer tard, pour fe coucher de bonne-heure.*

On s'eft d'abord effarouché de fon grand chapeau ; mais quand on a vu qu'il était auffi leger qu'un petit, entre fes mains, la mode des grands chapeaux nous eft reftée.

Il aurait mieux fait que de nous coëffer, s'il avait féjourné un mois de plus à Paris. L'étiquette de la Cour n'y aurait pas gagné ; mais en revanche, il nous aurait mis fur la voie d'embraffer tout bonnement notre Souverain, au moindre figne de bienveillance.

Nous en étions, ce me femble, à la revue du Roi. Le Régiment des Gardes eft fait pour contenter un connaiffeur tel que Jofeph, fon Hôpital encore plus.

Si M. le Maréchal de Biron n'avait depuis long-tems le fuffrage de la Nation & l'oreille du Roi, il aurait trouvé dans les complimens que lui fit l'Empereur , de quoi se payer des soins qu'il prit à refondre sa troupe.

Comme une revue en amene une autre, voici une Anecdote du Trou-d'Enfer , à la faveur de laquelle on me pardonnera ma Lettre.

Louis XV, passant devant les Grenadiers à Cheval , dit à Milord Stanlei , qui était à portée : *Milord , vous voyez là les plus braves gens de mon Royaume : il n'y en a pas un qui ne soit couvert de blessures.* Milord aussi modeste que le comporte sa nation , répondit : *Sire , que doit penser votre Majesté de ceux qui les ont blessés ? Ils sont morts ,* repartit un vieux Brigadier. Milord se mordit les lévres , & le Roi en sourit.

Quoique ce trait soit dans le fonds celui d'Agésilas , il y a apparence que si Milord Stanlei en savait quelque chose , le Grenadier tira sa replique de son propre fonds ; ce qui n'est pas malheureux de se rencontrer ainsi avec un Spartiate, & d'être encore plus Laconique. Au reste , ce trait-ci pourrait se suppléer par beaucoup d'autres qui valent bien une infinité de ceux que l'Histoire nous a conservés.

J'ai donc le droit de me plaindre au nom de ma Nation, du peu de soin que

l'on apporte à recueillir les bons mots &
l'héroïsme particulier de nos troupes. C'était
le projet du Grand Condé, d'en faire une
espece de Catéchisme pour les Commen-
çans.

Maintenant que nos Régimens ont un
nom permanent, un Historiographe des
Légions Françaises ferait donc une chose
proposable au Gouvernement ?

Les matieres ne lui manqueraient pas,
la Nation est parlante : quant à l'utilité,
elle saute aux yeux. Un grand Seigneur
n'est jamais plus fier que quand il passe
en revue les tableaux de ses ancêtres, ou
lorsqu'il vient de compulser ses titres.

Si jamais ce projet a lieu, je prends
date ici, de ce moment même : car,
comme dit Pline le Jeune, la gloire d'un
honnête homme est de faire des choses qui
méritent d'être écrites, ou d'en écrire qui
méritent d'être lues.

Je ne saurais quitter la revue sans te
parler du concours prodigieux de monde
qui s'y porta. M. le Comte aura cru y
voir tout Paris, point du tout : la partie
pathétique était à la Grève.

De sorte qu'un grand peuple se trouvait
partagé ce jour-là, entre le plus humain &
le plus scélérat des hommes.

Il y a, au sujet de Desrues, une remarque très-fenfée à faire : c'eft que prefque tous les grands crimes ont commencé par l'hypocrifie.

Il fallait punir dans une Ville des Pays Bas , une atrocité à - peu - près femblable ; les Juges indignés crurent qu'un feu de fagots ne fuffirait pas pour l'expier , ils condamnerent le coupable à mourir fans confeffion. C'eft bien là un trait de fanatifme , dont heureufement, nous nous eftimons guéris : mais l'hypocrifie ira encore loin ; il n'y a pas jufqu'à la Philofophie qui n'ait fes hypocrites.

Je n'ai plus que deux mots à te dire du caractere de M. le Comte de Falckenftein : il eft affable , économe & généreux. Il a l'efprit enjoué , mais grave quand il le faut ; parlant à tout le monde , fe mettant à la portée de tous , & ne trouvant pas mauvais qu'on foit témoin de fon régime. Les convalefcens y allaient par ordre de leurs Médecins, & s'en revenaient pétillans d'appétit. Les yvrognes n'y retournaient pas.

Alexandre enviait à Achile d'avoir eu un Homere pour chanter fes exploits ; Jofeph infiniment plus modefte & moins fabuleux que l'antiquité, prend fes Hiftoriens comme il les trouve. Il ferait cependant autorifé à dire au Plutarque, au Tacite, au Xénophon, qui entreprit d'écrire fon voyage en France, *Monfieur l'Auteur, à quel propos me faites-vous parler allemand à un homme de Mons qui n'en doit pas favoir le premier mot ? Et pourquoi me faites-vous louer de la porcelaine, comme fi je n'avais de ma vie, caffé que de la fayence ?*

Adieu, mon cher ami : dis à tes Compatriotes que nous avons ici l'échange de leurs guinées, en minauderies, en caprices & en arietes : je fuis, &c.

A Clamard-fous-Meudon, ce 1 Sept. 1777.

LETTRE III.

J'Ai à te rendre compte, mon cher ami, d'un dîner dont le plaifir de fe raffembler entre hommes, fait le fonds, & la bonne chere, l'incident. Maintes fois il nous eft arrivé de n'être que dix à douze, & d'avoir de l'efprit comme quatre : car enfin, comme dit Lucien, fi d'un repas qui ne fait repaître l'efprit avec le corps.

Je n'y apportais pas des difpofitions moins heureufes qu'aucun des convives ; l'air de la campagne y avait pourvu : quant à la gaité qui eſt l'ame des feſtins , j'y étais également pour ma part , quoique je fiſſe le treizieme.

Tu ferais étonné, au furplus, de la liberté que nous établiſſons entre nous dans ces actes les plus eſſentiels de la vie , fruit de la concorde & d'une confiance réciproque.

Ce privilége dont notre Comité eſpere bien de faire uſage juſqu'à la perte de ſa derniere dent, qui, comme tu ſais, eſt l'époque de la pénitence, nous eſt d'autant plus précieux, qu'il n'appartient qu'à nous ſeuls d'en jouir, & que Corneille a dit :

La liberté n'eſt rien, quand tout le monde eſt libre.

Les potages avaient été diſtribués par une main ſage & harmonique ; il n'en reſtait plus , & perſonne n'en avait manqué : deux fois les entrées avaient fait le tour de la table, & le vin commençait à rire dans la fougere, lorſqu'un des convives, remarqué par ſa grande activité, nous dit : *tel que vous me voyez , Meſſieurs, je ſuis cependant réduit au lait.* Et moi aux ſaides , lui repliqua - t - on du bout de la table. Celui - ci avait néanmoins une très - jolie

maîtresse dont apparemment il était dé-
goûté : apparemment que celui - là avait
coutume de dîner deux fois

Ceci donna lieu à des dissertations qui
tinrent assez long - tems quelques plats
en suspens : il était question de savoir lequel
des deux était le plus malheureux. On dé-
cida d'une voix unanime, que l'un prenait
congé, puisqu'il s'en fiait à un mauvais coffre;
& que l'autre recommençait, puisque les
laides faisaient nombre chez lui.

Un troisieme qui arrivait de Versailles,
qui avait vu chasser le Roi, & prétendait
que les perdraux avaient tort de se per-
suader que Sa Majesté a la vue courte,
nous demanda avec un air d'intérêt, comme si le bonheur de quelque individu en
eût dépendu , ce qu'un arpent de terre
bien ensemencé pouvait nourrir de lievres.
J'ai , dit-il , un projet analogue, qui don-
nera bien du dessous aux Capitaineries. Le
résultat de tout ceci , était , qu'ayant hérité
d'un oncle qui s'était fait attendre, il venait
d'acheter une terre à six lieues de Paris ; &
que semblable à ce personnage des fâcheux
qui voulait tout mettre en ports de mer,
il la voulait mettre toute en lievres. Le
bien de ses vassaux n'entrait pour rien dans
ses arrangemens , & parce qu'il tenait à
différentes robes , il avait cent moyens

pour un , de faire payer son fermier , récolte ou non : en un mot , c'était un Néron Francaleu , qui s'était déjà dit :

Serais-je leur Seigneur, seulement pour leur plaire ?

Le second de ses embarras était de savoir quelles couleurs il donnerait à ses gardes ; & ce qui est au-delà de toute prévoyance humaine , il y avait déjà du tems qu'il s'était procuré par amis , une Collection d'armoiries de Maisons éteintes , afin de pouvoir choisir & de n'avoir de bruit avec personne.

Après quoi, il avait dessein de faire un voyage en Allemagne , à l'effet de voir si dans un recoin de Principauté quelconque , il ne trouverait pas quelque serre - tête d'occasion, dont il pût se décorer, & à la faveur duquel , moyennant l'attache du Ministre , il se ferait appeller *Monsieur le Baron*, en changeant de quartier.

Un garçon fort riche qui n'eut jamais ses aises parce qu'il n'est industrieux qu'à multiplier ses besoins, ou à rafiner sur ceux des autres , s'entretenait avec son voisin d'un appartement qu'ils avaient vu ensemble : piqué apparemment de ce que son ami voulait lui faire entendre raison sur certains articles ; oui , Messieurs, dit - il , je vous prends tous à témoins , comme quoi cet appartement ne peut nullement me convenir. Comment, pour un pauvre petit arriere-cabinet que j'y aurais, point de cheminée, & pas l'ombre de moyen d'en pratiquer une ? En vérité, il y a des gens qui prennent la qualité d'Architecte, qui ne feraient bons tout au plus qu'à gâcher. Ce n'est pas que l'appartement ne soit honnête, savamment distribué ; joli sallon, salle à manger charmante, du marbre, des glaces & des tableaux par - tout : par exemple, on m'y fait valoir par-dessus les toits, certains corps de Bibliotheque..... magnifiques à la vérité, mais à moins que d'y serrer mon caffé, mes liqueurs & mes confitures, dites-moi donc ce qu'on veut que j'en falfe, moi qui fais proffeion de me renfermer dans quelques bons Auteurs, comme qui dirait Horace, la Fontaine & Zaïre ? Irai - je par refpect pour mes tablettes, me charger d'un fatras de livres, qui depuis vingt ans, n'apprennent plus rien ? Il n'en faudrait pas d'avantage, pour me décrier dans le monde. Au reste, il y a long - tems que j'ai comparé nos Bibliomanes, favez - vous à qui ? A ces Officiers qui font des recrues fur le Pont-Saint-Michel & ne vont pas à la guerre.

Autre inconvénient, ajouta-t-il, auquel je n'avais pas réfléchi d'abord, & qui acheve

de m'en dégoûter : c'eſt que j'aurais au-
deſſus de moi un bel & bon Abbé, un
gros Théologal, qui, par parentèſe, croit
en Dieu ; & au-deſſous, la proprétaire de
la maiſon, jeune, enjouée, belle comme
un aſtre, & d'un étalage comme il y en a
peu, mais qui malheureuſement, n'entend rien aux grands principes. Vous jugez
bien que ces gens - là vont ſe ſcandaliſer
de tout.

Arrive ſur ces entrefaites, un Chevalier
unique en ſon eſpece, qu'on n'attendait
plus, & qui nous oblige à ſerrer les rangs.
Cet homme ſingulier, mais plaiſant, Phi-
loſophe ſans le ſavoir, tirant plus de parti
de ſa pauvreté que d'autres de leurs richeſ-
ſes, de qui l'on pourrait dire : *Ce ſeroit
dommage qu'il fît fortune* ; pas plus ſûr de
dîner le lendemain, qu'il ne l'avait été de
ſouper la veille ; ayant vu les quatre parties
du monde, le Pape & Muſtapha ; ayant
fait la guerre par terre & par mer, à pié
& à cheval, pour & contre nous ; qui
s'était fait Turc & depuis Gluckiſte ; éclopé,
balafré & plus noir que mûr, comme dit
Marot, avait à nous donner l'étrenne d'un
habit gris de lin, doublé de roſe ; voici
ſon début :

J'ai aſſurément bien vu des Villes &
des Citadelles en ma vie ; mais je n'en

fache pas d'auffi impertinente que Paris,
pour les originaux qu'on y rencontre à
chaque pas. Je traverfais le Palais-Royal,
j'allais très-vîte, parce que mon Tailleur
eft dans l'habitude de me faire attendre ;
qu'au furplus, il n'eft pas honnête de laiffer
refroidir un dîner : mais je n'allais pas fi
vîte, qu'un Monfieur.... (celui-là je ne lui
dois rien, car je ne le connais pas). Qu'un
Monfieur, dis-je, qui me talonnait depuis
les Cours, m'arrête au tournant du Baflin,
& me dit avec un gefte d'admiration : que
vous avez là, Monfieur, un habit de bon
goût ! Auriez vous la complaifance de me
dire où vous en avez levé le drap ? Com·
bien il vous en a fallu ? Si ces boutons font
Anglais ? Si c'eft au Cerceau-d'Or que
vous avez trouvé cette doublure à pleines
mains ? Quel eft.... Comme je voyais qu'il
m'allait enfiler de queftions pour ma bonne
part, & qu'au bout du compte il retardait
ma marche, favez-vous, mes amis, ce
que je lui ai répondu pour m'en débarraffer?
Que je l'avais acheté tout fait.—Ne ferait-
ce pas chez ce Tailleur des Quinze-Vingts?
—Non, Monfieur, à la vente de Desrues.
Si vous aviez vu comme il s'eft mis à courir,
comme il a été étourdi, ftupéfait, anéanti
du coup.... Sans reproche, j'ai eu la fatis-
faction de lui voir fe coigner la tête contre

un arbre & le caffer les jambes contre un banc.

Un bel efprit de nouvelle création brûlait affez du defir de briller : frappé de la beauté des appartemens, il s'était écrié, comme Socrate en entrant, *quantis non egeo !* Mais comme il n'était connu que de l'ami qui l'avait amené, fa contenance n'était rien moins qu'affurée, & il lui fallait occafion & demie pour placer une phrafe. Quoiqu'il en foit, il nous apprit, malgré nous, que Meffieurs tels & tels, auffi inconnus que lui, ne faifaient ni vers ni profe fans le confulter ; c'eft-à-dire, qu'il était leur aboyeur, & faifait les avances de leur réputation. En un mot, pour fe donner un ton d'initié dans les mifteres d'Apollon, il nous demanda qui nous mettions à l'Académie, pour remplacer *le petit badin Greffet.*

M. le Miere, lui dit-on ; il y a fi long-tems qu'il fait des vifites, que le public l'y place.... D'ailleurs, il a des titres ; fans parler des prix qu'il y a remportés, il a fait Hypermneftre qui fe joue, Guillaume Tell, Artaxerce qui fe reprennent, & d'autres Tragédies, qui, quoiqu'en difent les envieux, ne font tombées que fur le côté, & ne demandent qu'à être reprifes. N'oublions pas, s'il vous plaît, fon Poéme de la Peinture, où il y a , fans contredit , de belles & grandes chofes , au dire même des Peintres.

— Il a fait tout ce qui vous plaira, il eft tout ce que vous voudrez. On fouhaiterait qu’il fe prodiguât moins; que fous prétexte de faire fes affaires par lui-même, il ne s’en rapportât pas à lui feul de fon propre éloge. Après Voltaire, c’eft lui, ou après lui, c’eft Voltaire : & avec fon Poéme des Faftes , ne voudrait-il pas nous faire accroire que la moiffon , les vendanges & les eaux de Forges font des Faftes & des Faftes Français ? Qu’y-a-t-il donc là de fi faftueux ? Je n’y vois au contraire que des denrées de premiere néceffité.

— Et M. d’Arnaud, nous direz - vous qu’il n’y a pas de droits ? qu’il manque de dignité ?

— Au contraire , il eft trop fier : les vifites lui répugnent , parce qu’il y veut, dit-il, arriver de fon pas. Cependant, quand on eft bien amoureux d’une fille on la demande en mariage. Quand la foif eft preffante on court à la fontaine. D’ailleurs, pourquoi rougir de faire des démarches que tout le monde fait, d’autant que les refus n’y font qu’un délai, rarement l’exclufion ?

— Et M. Dorat ?

— Tous fes bons mots ne font pas imprimés ; & fans lui tenir compte de fa légéreté, de fa fécondité, de fes demi-fuccès, je fuis perfuadé que fi le beau fexe avait féance à l'Académie, il lui ferait plus aifé qu'à tout autre, de s'y faire porter.

A propos d'Académie, interompis-je, ce ferait peut-être ici la place d'une petite digreffion.

Il était queftion chez Madame de Tencin, comme ici, de faire un académicien : C'était auffi dans un dîner, car c'eft ordinairement à table que fe difent les bonnes chofes : la compagnie fe trouvait partagée entre fon Eminence, alors Abbé de Bernis, & l'Abbé Girard. Piron était du dîner & de la confultation. Comme il fe difait confolé de tous les fauteuils poffibles, par une penfion de cent piftoles, on lui demanda, comme défintereffé, auquel des deux il donnerait fa voix. A l'Abbé Girard, dit-il, c'eft un bon diable : ayant la vue baffe, il ne s'était pas apperçu que M. de Bernis n'était pas loin de lui. On l'en avertit à l'oreille, & alors, fe retournant de fon côté, *y penfez-vous, M. l'Abbé, de vous mettre fur les rangs ? Vous êtes trop jeune, ce me femble, pour demander les Invalides.*

On continua de parler des quarante

chacun avait fon bel efprit à y placer ; entre autres, beaucoup d'Abbés qui ne compoferaient ni une Académie, ni un Séminaire.

Il faut conclure, dit un plaifant, que cette compagnie a bien à fe mordre les pouces de n'avoir pas reçu Moliere ; car enfin, les voici dans le cas de fe priver de Monfieur de Monvel. —— Il faudrait donc pour exciter fes regrets, que *L'Amant Bouru* valût mieux que le Mifantrope, & que ce fût un grand mérite, en intriguant beaucoup, d'avoir fait paffer une piece fans intrigue ?

Et fa fcène avec M. Molé, ajoute un autre, voilà qui eft neuf, finement concerté & bien intéreffant pour le public ! Voilà du moins qui eft d'un grand exemp'e pour ceux qui fe nourriffent de fiel & portent la haine jufqu'au tombeau : le moyen maintenant de fe dédire de leurs fentimens héroïques, de leur amitié convulfive, en ayant pris la Reine à témoin ? Il ne manquait plus au pathétique de cette fcène, que d'annoncer la Reconciliation Normande pour le lendemain.

Mes amis, dit le maître du logis, il me femble que vous épuifez la matiere : vous êtes bien bons au refte, de vous tourmenter pour favoir qui fera ou ne fera pas de l'Académie. Pour moi, qu'on y mette le Grand Turc ou le Roi de Prusse, cela m'est fort égal. Mon embarras actuel est de savoir ce que nous boirons l'année prochaine ; car voici des lettres de Beaune que je viens de recevoir, en voilà de Mâcon, de la Côte du Rhône, de Rheims, d'Orléans, d'Auxerre, de Tavel, de Bordeaux & d'Andresi, eh bien, misere partout ; misere au point que n'ayant plus que cinq à six milliers de bouteilles & deux pauvres feuillettes qui tombent en ruine, je me vois à la veille de boire de l'eau. Encore, si l'on savait à qui s'en prendre ! Mais non, la vigne a gelé, la vigne a coulé ; on n'entend parler que de ces jérémiades-là depuis dix ans ; que ne mettent-ils des paillassons comme à Montreuil ? Entend-on jamais dire que les pêchers aient coulé ? A travers tout ceci, il y a cependant de la ressource, car on dit que le vin de cette année vaudra celui de soixante-deux : mais une piece à l'arpent, il n'y en aura pas pour tout le monde, & ils voudront vendre un prix fou : le bon tems, mes amis, où nous avions un bon muid de vin d'ordinaire pour cent écus rendu ! Celui-ci, à la vérité, me coûte quelques pistoles de plus, mais aussi est-ce un vin d'ami dont je suis sûr. Vous me direz peut-être, qu'il tourne à la graisse, qu'il tire à l'aromate, qu'il a un goût de travail, qu'il dépose, qu'en un mot, il le faut boire : hé bien, mes camarades, à vos santés.

M. Spondel, c'était le nom du bel esprit, prenait peu de part, attendu son régime, à la consternation publique. C'était un des grands buveurs d'eau que la Seine ait jamais submergés. On ne pouvait pas dire de lui, *in vino veritas* : mais de proche en proche il ne nous fit pas moins sa profession de foi.

Il avait commencé par être Stoïcien ; mais ennuyé de se faire du mal pour s'empêcher d'en avoir, de mettre sa jouissance dans la privation de toutes choses, il se retourna du côté d'Epictete qui se renferme en ces deux mots : *Souffrez & abstenez-vous.* Ce qui, prétendait-il, est plus vague & plus sujet à composition que la doctrine de Zénon qui est positif comme la mort. Avec ce beau fonds de morale, nous remarquâmes, qu'à l'exception du vin, il ne s'abstenait de rien, & qu'il ne pouvait souffrir qu'on eût plus d'esprit que lui.

Malheureusement on me nomma, & il prit occasion de me demander s'il était vrai comme on lui avait dit, que je faisais des *Lampito.*

Oui vraiment j'en fais, lui répondis-je,

j'en fais même actuellement que j'ai l'honneur de vous parler, & je vous déclare tout franchement, que je ne fuis venu ici que dans le deffein de compofer ma troifieme lettre. J'efpere que vous voudrez bien vous joindre à la compagnie pour m'aider de quelques matieres : car à la campagne on eft bien ftérile en nouvelles, & fi quelques-uns de ces Meffieurs ne m'apportaient de tems en tems l'heure du Palais Royal, j'avoue même que je n'y ferais au courant de rien. Il n'eft point que depuis le départ de l'Empereur, il n'y ait eu dans Paris quelques événemens remarquables, quelques anecdotes galantes, joyeufes à raconter : De grace mes amis, un petit effort de mémoire en ma faveur, j'en aurai beaucoup pour ne rien perdre de ce que vous me direz.

Chacun fit preuve de fon zele : on remonta d'abord à un établiffement de nouveaux caroffes qui, avec une régie meilleure, ne laifferait pas que d'être utile au public & aux entrepreneurs. On fait jufqu'où nos fiacres font impraticables quand il eft queftion de paffer les barrieres. Ceuxci leur font mettre de l'eau dans leur vin, & de rage on les envoye avec les eaux filtrées. Mais d'autre part, il eft incroyable que ces voitures de campagne, affez roulantes d'ailleurs, conduifent le monde à quatre ou cinq lieues de Paris, & s'en reviennent à vide, fans prendre la moindre information, fi dans un village à bourgeois, il n'y a perfonne à ramener. On ne leur voit pas également avec plaifir de vieux cabriolets, des chevaux neufs & des cochers plus neufs encore. Il faut efperer néanmoins qu'avec le tems, cet établiffement fe perfectionnera comme bien d'autres, fi des compétiteurs ne le coulent à fond, en marchant au même prix. Le feul moyen de parer ce coup, ce ferait de pouvoir prendre & defcendre les particuliers chez eux.

Ceci nous conduifit tout naturellement à la fameufe députation des fiacres à Choify. Tout endimanchés qu'ils fuffent, leurs mines ne prévenaient pas en leur faveur, & quelque fondés qu'ils fe cruffent en raifons pour y faire claquer leurs fouets, comme ils étaient indécemment nombreux, on les renvoya fans les entendre. C'était bien leur deffein de nous mettre à pied, en cas de mauvais fuccès, mais toute réflexion faite, ils n'eurent rien de fi preffé que de remonter fur leurs fiéges.

Des mémoires s'enfuivirent : ils y font voir comme quoi ils font hors d'état de fupporter plus longtems certaine impofi-

tion onéreufe , attendu que tout le monde
a carroffe , & que les fourrages font portés à un prix fi exceffif, qu’il n’eft plus
poffible d’y mordre : & comme ces Meffieurs-là font très-conféquens, ils offrent
plus bas, de payer au Roi une fomme beaucoup plus forte, pourvu qu’on les érige
en communauté, & que la Patrie leur ait
une obligation directe du facrifice qu’ils
font prêts à lui faire, n’étant pas dans
l’ordre de toujours l’éclabouffer fans partager fes charges.

Nous étions dans le mois de la Saint
Louis, & plufieurs d’entre nous avaient
paffé la matinée au Louvre. Je te laiffe à
deviner, mon cher Lampito, fi cette féance
fe paffa fans parler de tableaux : on entra
dans beaucoup de détails, & je me mis en
état d’y aller le lendemain moi-même.

Je trouvai donc qu’en tableaux d’hiftoire,
il y en avait quelques - uns dont à jufte
titre, on difait quelque bien : une Polixene ;
un Siége de Calais ; un gros Romain avec
fes gros bœufs & fa groffe fervante qui fe
levait matin ; on y ajoute un Duguefclin
fur la tombe duquel le Gouverneur de
Château-Randon vient apporter les clefs
de cette Ville. C’eft bien dommage que
l’hiftoire ait oublié le nom de ce Gou-

verneur : il y avait dans ce trait-là de quoi illuſtrer dix familles.

La même ineptie, la même ingratitude fait auſſi que nous n'avons qu'un ſeul nom de ceux qui ſe ſont dévoués à Calais.

Revenons aux tableaux : il y avait encore un St. Jerôme qui annonce du talent ; des Vernets toujours vernets ; un portrait du Roi ſingulierement bien peint, mais auquel on ſera obligé de retoucher pour la reſſemblance ; d'autres portraits d'un grand mérite, & grace au ciel, moins de portraits d'inconnus que les autres années ; des draperies ſuperbes qui ſuivent le progrès des manufactures ; beaucoup de jolis tableaux qui prouvent que nous ſommes dans un joli ſiécle. On s'arrêta beaucoup à un mariage manqué, qui n'eſt que plaiſament imaginé de la ſcène intéreſſante d'Inès : mais on faiſait cas d'une petite fille qui porte un bouillon à ſon pere, d'un rendez-vous de chaſſe, d'enfans bien élevés qui pour aider leur vieux pere à marcher, le ſoulevent par les bras, & balayent devant lui, &c. &c. Je remarque que ce genre réuſſit infiniment ; c'eſt M. Greuſe qui l'a mis à la mode, nous parlerons plus bas de M. Greuſe.

Le tout bien compenſé, mon cher ami, le ſallon m'a paru cette année, plus riche

en sculpture qu'en peinture, grace à M.
Dangiviller qui soufle l'émulation dans
cette partie; en conséquence, on voyait
au Louvre quatre statues en pié de marbre
blanc, qui feraient honneur à quatre Na-
tions: elles sont faites pour perpétuer la
mémoire du Chancelier de l'Hôpital, de
Sulli, de Fénelon, de Descartes, & en
même tems, les noms de leurs Auteurs. J
ne te dirai pas quelle est la moindre, m
à coup sûr, celle de l'Hôpital est la plus
belle.

Nous avions outre cela, quantité de
bustes en marbre & en terre cuite qui, en
général, ont fait grand plaisir : la Famille
Royale y était presque entiere.

M. Greuse avait aussi son petit sallon
particulier qui n'abondait pas mal en amateurs : son pinceau commence à se fâcher :
son sujet est la malédiction d'un pere à
son fils : je crains bien que du coup, les
envieux & la cabale ne le maudissent à son
tour.

N'oublions pas sur tout, une Diane d'Al-
legrin que l'on voyait également chez l'Auteur; il ne manque à ce morceau de sculpture, que d'avoir passé six mois dans les
ruines de Thèbes ou d'Héraclée, pour
être comparé à la Vénus de Médicis, ou

fi mieux, à cette ſtatue de l'antiquité qui était ſi belle, qu'on l'appellait *la Règle.*

Tu as donc tort, mon cher Lampito, de n'être pas venu à Paris cette année : outre les tableaux, nous t'aurions fait voir un garde - meuble que les rats apprendront à reſpecter ; des meſures déja priſes pour faire un *Muſeum* de la galerie du Louvre, & tout plein de châteaux de Fées, dont les dehors & l'intérieur ne ſont pas indif-térens.

Tout n'eſt pas gris de lin ni couleur de roſe ſous cet hémiſphere ; le feu prit mal-heureuſement à la Foire St. Ovide, une des belles nuits d'été, vers les deux heures du matin ; un vent funeſte ayant porté la flamme un peu loin, vingt-ſix loges furent conſumées en moins de dix minutes ; quel-ques-uns des marchands ſe dirent ruinés ; d'autres au contraire, regarderent ceci comme une bonne fortune. Pour moi, j'y aï regret, particulierement au plus joli en-fant poſſible, que l'on crut ſauver des flam-mes, & dont on n'emporta que le matelas : la mere pleura beaucoup ſa fille, & quoi-qu'elle ait prétendu qu'une chandelle pla-cée entre deux planches de ſapin, devait brûler ſeule, & attendre qu'elle eût fini ſes caquets, elle n'en aura pas moins dit : *ce n'eſt pas ma faute.*

Quant aux brûlés vivans , Paris n'eſt pas ſans reſſource : il y a grand nombre de bonnes ames qui ne font pas inſérer leurs aumônes dans les papiers publics. Ce ne fut cependant pas ſans l'afficher , qu'Audinot & Nicolet donnerent quelques repréſentations au profit de ces infortunés , ce qui prouve que l'humanité eſt de tous les états.

Voici cependant trois Foires que nous voyons brûler, deux de fond en comble, celle - ci pour un huitieme, faute hélas, d'une précaution bien ſimple. Des curieux de Compiegne (a) n'auraient pas manqué d'avoir devant leurs loges , des muids d'eau, en guiſe de bornes.

Je ne ſais trop ce que faiſaient alors nos pompiers ; ce qu'il y a de plus incroyable, c'eſt qu'étant au pied de la riviere, il ne ſe trouvait pas une caraffe d'eau dans la Foire, ni de ſceaux pour en puiſer : on aurait cependant ri au nez d'un tonnelier ou d'un boiſſelier qui s'y ſerait venu établir.

Paſſons de la Foire au Palais Royal, Il y avait longtems qu'on parlait à Paris de l'Opéra d'Armide ; en l'attendant , on

----

(1) On prend cette ſage précaution à Compiegne , dans le tems des voyages.

se prosternait devant l'ombre du Chevalier Gluck, & en son honneur, on disait beaucoup d'injures à Lulli & à Rameau. Déja vingt-deux répétitions avaient mis l'ouvrage en état de paraître; & comme si M. Gluck eût eu à douter de son nouveau triomphe, il en écrivit en ces termes, à un de ses amis: *Si le public ne goûte pas mon Armide, il ne me restera qu'un parti à prendre, ce sera de prier Dieu, d'envoyer le sens commun aux Parisiens.*

M. Gluck assurément n'y pensait pas dans le moment: car si le sens commun n'était pas encore venu aux Parisiens, lors d'Iphigénie, d'Orphée, & d'Alceste, on serait en droit d'appeller de leurs succès.

Et puis, sont ce-là des douceurs à dire à un peuple qui l'a porté au troisieme ciel, qui en a pensé perdre la respiration, & qui, s'il en avait été le maître, aurait volontiers cédé l'Alsace, la Lorraine & les trois Evéchés, pour l'enlever tout entier à une souscription germanique qui n'en voulait que moitié?

Si une Nation en insultait ainsi une autre, il y aurait de quoi allumer une guerre sanglante entr'elles, qui ne finirait peut-être, que par l'anéantissement de la plus faible.

Je te demande, mon cher ami, si l'en‑
lèvement d'Héléne était aussi injurieux à
la Grèce, que non pas l'enlèvement, mais
la dénégation du sens commun à Paris?
Car, une coquette de moins, & du sens
commun, c'eût été le vœu de Sparte.

Voilà ce qui résulte de s'être pressé si
fort, pour faire à M. Gluck le cadeau de
son Buste : je ne conçois pas même, vu
l'enthousiasme, qu'en arrivant à Paris la
premiere fois, il ne l'ait pas trouvé à la
barriere.

Je ne me souviens pas qu'on ait fait de
pareilles avances à ceux de nos Compatrio‑
tes, par les manes desquels nos neveux se
feront gloire de jurer : au reste, plus M.
Gluck sera un grand homme, moins il nous
fera d'honneur.

J'avais fait vœu jusqu'ici de rester neutre :
mais depuis que je vois qu'on ne peut souf‑
frir de concurrent ; qu'on manque de pro‑
cédés ; que les heureux font ceux qui ont
le plus d'humeur ; qu'il existe une Lettre,
où l'on parle avec mépris d'un de nos
Ecrivains recommandable à tous égards,
ma neutralité me pese furieusement.

Car, après tout, M. Piccini est également‑
ment un homme à buste ; & il y a de quoi

faire dans M. Marmontel, un auffi bon Gentilhomme que bien d'autres.

Adieu, mon ami, je t'embraffe, &c.

Paris, ce 1 Novembre 1777.

LETTRE IV.

QUE la guerre, mon cher ami, s'allume dans quelque partie du Globe, on voit auffi-tôt des voifins attentifs à ce qui s'y paffe, s'épuifer en conjectures & fe régler fur des événemens que le hafard & des circonftances font fouvent qu'ils n'arrivent pas.

On veut favoir fi de la honte & de l'épuifement d'une nation orgueilleufe, il ne réfultera pas un trop grand accroiffe-ment de gloire & de forces, pour une autre qui n'eft ni moins fiere, ni moins redou-table : fi l'une des deux ne voudra pas fe dédommager de fes pertes fur fa rivale, & s'il ne feroit pas auffi avantageux de la laiffer fe miner par fes folles entreprifes, que de la détourner de fon projet, en fe déclararant ouvertement contr'elle.

De-là, nombre de combinaisons vraies ou fausses, d'apperçus d'intérêts bien ou mal fondés, des calculs à perte de vue ; en sorte que des Puissances qui avaient d'excellentes raisons pour rester éternellement unies, se brouillent pour des prétentions chimériques, & s'engagent l'une contre l'autre, dans une guerre qui de proche en proche devient générale.

Si bien qu'après dix ans de combats & beaucoup de sang humain répandu, après la dépopulation des états, l'épuisement de toutes les fortunes, on finit par ne plus se souvenir du motif qui fit entreprendre cette guerre, & par acheter la paix au prix même des conquêtes.

Que d'ailleurs, un peuple immense & courageux, fatigué d'un Gouvernement dur & absolu, foule aux piés la tyrannie & arbore l'étendard de l'indépendance, on voit du petit au grand, des associations d'hommes ne respirer que l'amour de cette liberté qui brille à leurs yeux de mille charmes, & sans laquelle, disent-ils, le vrai bonheur ne saurait exister.

C'est d'après la guerre où vous vous êtes embarqués avec les Américains, assez inconsidérément selon moi, parce que vous avez les bras un peu loin du corps, assez injustement suivant bien du monde, parce qu'étant vos freres, ils devraient jouir comme vous, des prérogatives de la Métropole, qu'un peuple descendu des tribus de Corneille, de Racine, de Molière, tant bâtards que légitimes, viennent de prendre ouvertement la qualité d'Insurgens envers le grand Fief dont ils relevent, & dont ils sont, à ce qu'ils prétendent, prodigieusement lésés.

Du moins paraît-il dans différens Manifestes, qu'il use à leur égard de beaucoup de rigueur, qu'il les berce d'un fol espoir, qu'il les assujettit à des corvées pénibles, qu'il exerce sur eux des pirateries incroyables, & que pour clore la bouche aux plus importuns de ses Vassaux, il semble avoir pris pour devise : *manus habent & non palpabunt.*

Si l'on vient à te demander, mon cher Lampito, quel est ce grand Fief ? ne va pas croire que ce soit un Château flanqué de toureles, un manoir ou une croix entourée de quatre ormes : c'est à la vérité un Chef-lieu quelconque, mais qui se transporte où l'on veut, qui se démembre, se divise, & ferait le tour du Royaume si la recette s'ensuivait.

Jamais mouvance ne fut plus étendue que la sienne, & les mutations plus rares: son produit néanmoins est considérable,

parce que les Officiers qui le deffervent
faifant profeffion d'avoir de la mémoire,
n'oublient rien de fes droits.

Ce Fief, au furplus, a bien des profils :
c'eft tour à tour le Sénat Romain, celui
de Venife, le Confeil de Madrid, le Camp
d'Agamemnon, le Sérail du Grand-Sei-
gneur, & de fondation, la Cour du Roi
Pétaud. Voilà, fous différentes dénomina-
tions, ce que nous appellons la Comédie
Françaife.

Quoi qu'il en foit, la guerre que nos
Infurgens Dramatiques auront à foutenir
contre cette troupe aguerrie, ne leur pro-
met rien moins que de grandes conquêtes.
Il y a d'abord de quoi rebuter le foldat
le plus intrépide, que d'avoir à combattre un
ennemi qui n'a d'armes défenfives que l'inac-
tion & le filence ; & de l'attaquer dans un
camp d'autant plus avantageux, qu'il a fes
derrieres libres & garnis de magafins inépui-
fables : au lieu que des pelotons poftés fur
un mont fec & aride, font dans le cas de
fe voircouper les livres de toutes parts.

Ainfi les Tribus ont beau fonner l'alar-
me, affembler un Congrès, faire des mo-
tions, & s'appuyer de l'équité de leur
caufe, ni leurs Manifeftes, ni mes Epîtres,
n'empêcheront pas que les Comédiens

Français ne compofent le Corps le plus abfolu de la Monarchie, celui de tous les Corps, qui fait le mieux combiner fes pouvoirs & maintenir fes priviléges ; toujours en forces pour fe défendre ou fe faire juftice ; toujours en fonds pour fe réconcilier avec fes Juges irrités. En effet, de quoi nos Auteurs ont-ils à traiter avec eux, finon de gloire & d'intérêts ? D'un côté, la renommée leur emprunte fes aîles ; de l'autre, Plutus en fait les répartiteurs de fes dons.

Je ne fais même, fi dans un tems où les propriétés deviennent refpectables, ce ne ferait pas y donner atteinte, que de leur ôter le jugement des Pièces, pour les foumettre à celui de l'Académie. Ils y croiraient d'abord, comme au Feu de Prométhée, ou au Déluge de Deucalion ; & puis, il ferait beau voir une Tragédie reçue par les Quarante, jouée de travers par les Comédiens, & fifflée par le Parterre. Autant vaudrait-il l'avoir faite, qu'approuvée.

Le goût des Spectacles eft devenu fi dominant, & les Drames fi nombreux, que plus on en fait, moins on en joue, & que la difette n'eft actuellement que dans les Repréfentans. En cela, je crois que le grand Fief abufe de bien des chofes,

& qu'il eſt à l'égard des Auteurs , comme le Marchand à l'égard du Fabriquant, lorſque la denrée eſt commune.

Mais s'il eſt queſtion de ſavoir ſi c'eſt l'ancienne Troupe ou la moderne , qui a le plus reſpecté le Public & moins les Auteurs ; plus les Auteurs & moins le Public , c'eſt ce qui n'entre pas dans mon plan d'examiner : d'après un nombre infini d'Anecdotes reverſées de la tête de Piron dans la mienne , je ne vois pas que Baron , Dufreſne & la Noue aient été meilleures perſonnes que nos Coryphées régnans. Ils n'étaient pourtant pas à beaucoup près ſi riches ; car lorſque les parts de ces tems glorieux ſe montaient à cinq mille livres , ils en faiſaient des feux de joie dans leurs cœurs : ils n'étaient pas non plus, à beaucoup près ſi conſidérés , car on ne voit nulle part, qu'il y ait eu des Bulletins de leurs maladies : les Comédiens depuis Theſpis juſqu'à nos jours, ſont donc à Paris comme à Londres, à Londres comme à Peckin, ce que la nature des choſes & leur conſtitution ne permettent pas qu'ils ſoient autrement.

Il n'y a déjà pas de profeſſion comme la leur , où le contentement de ſoi-même & l'admiration interne aient plus de marge & tant de moyens de la remplir. La deviſe de Jugurtha, *Plurimum facere & minimum ipse de se loqui*, qui n'eſt pas, à beaucoup près, celle des Cercles modernes, ſe trouve encore moins en défaut dans les couliſſes. Perſuadé comme on y eſt, que pour chauſfer dignement le Cothurne, que pour être l'image vivante & réfléchie des plus fameux Héros, il faut plus que de l'eſprit & une éducation de Cabinet ; ces Meſſieurs - là s'imaginent qu'il n'y a pas de laurier aſſez double pour couronner leurs ſuccès. Non, mon ami, on ne ſe fait pas d'idée de la préſomption dégoûtante de la plûpart de nos Comédiens de Province.

Hués dans le principe, renverſés de tous les trétaux, notés à tous les Théâtres ſuffragans de celui - ci, pour n'y jamais reparaître, ſoutenant à peine l'éclat d'une grange ou d'un jeu de paume, réduits hommes, femmes & enfans à venir tous les ans concentrer leur eſpoir en un lieu de détreſſe & de confuſion, qui, faute d'eſpace, ne peut que s'appeller dépôt ; c'eſt en vain que la miſere & l'opprobre ſemblent être inſéparables de leurs deſtins, il s'en trouve dont rien n'eſt capable d'entamer l'orgueil. J'en ai connu un entr'autres ... Dieu, quel homme ! après avoir eſſayé de tous les rôles, de tous les publics, de tous les affronts, le bourreau ſe donnait encore

pour le premier Comédien de l'Europe ,
& voulait parier. Aussi de quarante ans
qu'il vécut dans cette déplorable erreur,
il en passa trente à mourir de faim.

On les battrait volontiers quand ils vous
prennent à partie de leurs talens , de la
supériorité de leur jeu ; lorsqu'ils en font
sur le chapître de leurs ennemis, qu'ils vous
font le dénombrement des Villes , des
Provinces , des Royaumes qu'ils ont subjugués , malgré les menées sourdes qu'on
y tramait contr'eux. Les Tragédiens , surtout , en raison de leur dignité , ne laissent
rien à desirer là-dessus. Ils y mettent un
ton , une chaleur, une importance.... on
ne traitait pas autrement les affaires dans
Rome , du tems de Manlius & de Catilina.

Voudrait-on d'autres preuves de leur
insigne modestie ? Qu'on les mette sur la
voie des incursions que M. le Kain fait en
Province , sous prétexte de prendre les
eaux. Ils ne manqueront pas de vous apprendre qu'avec sa grande réputation , ses
beaux développemens , ses mouvemens
pittoresques, sa chaleur sourde & son costume brillant, il s'en faut de beaucoup ,
que ce Roscius Français ait brillé à côté
d'eux : beaucoup même seraient fâchés de
jouer comme lui.

Si on leur leur parle de la Capitale ,

des suffrages qu'il est beau d'y recueillir, de la fortune & de la considération qui s'ensuivent ; un ordre de début n'est pas ce qui les embarrasse, notre vieux Maréchal en donne, disent-ils ; mais à quoi bon se déplacer ? D'où vient mettre sa réputation de Province au hasard d'essuyer quelque échec & de perdre cent pour cent ? N'est-il pas démontré que c'est une pétaudiere & un enfer pour la cabale, que cette Comédie Française ? Que la haine, la jalousie & l'intrigue y sont toujours les yeux ouverts ? Que d'exemples n'avons-nous pas des plus noires perfidies, de talens qui n'ont pu s'en relever ? Ce parterre .... on n'y connaît plus rien : & puis, la Reine est si difficile & les Auberges si cheres, qu'en vérité, à moins d'être reçu d'avance à part entiere, comme la Noue, autant vaudrait-il s'en tenir à nos Connaisseurs, à nos bons amis de Coppenhague & de Pétersbourg.

Si du sein de l'avilissement le plus profond l'amour-propre trouve encore à lever la crête, comment veut-on, mon cher Lampito, que des Pensionnaires du Roi, qui ont un banc à l'Académie, tandis que je n'en ai un qu'à ma Paroisse ; qui sont appellés & fêtés par-tout ; qui se rendent nécessaires aux plaisirs, au faste, à l'existence des Grands ; pour qui l'on se bat, l'on s'engage, on s'étouffe; riches, d'ailleurs comme les Economats , comment veut-on , dis-je , que pour quelques facs de cent piftoles de plus , & pour complaire à un public mal élevé , de tels individus aillent fe gêner & furmener leur mémoire ? Une Pièce médiocrement bonne , ajoutée à leur Répertoire , fait-elle autre chofe que d'en écarter une meilleure ? Un Acteur qui s'eft rendu rare à force d'être ambulant , n'a-t-il pas le fecret de rendre neuf ici, ce qu'il vient d'ufer ailleurs ? Pour quatre Tragé-dies , hors le Voltaire , qui fe traînent depuis vingt ans au Théâtre , c'était bien la peine d'avoir quatre Commenfaux fur les bras ? Deux à la vérité font morts ; les deux autres femblent avoir perdu leur fecret.

Hélas ! il en mourrait deux par mois, que les remplacemens ne tarderaient pas à fe faire. Ces Meffieurs ne favent que trop les veilles qu'on leur facrifie & les bonnes nuits qu'on leur procure. Certaine opéra-tion de finance qui laiffe beaucoup de monde à la porte & du vide dans les loges, prouve affez que chez ces grands cœurs, organes du fentiment , la gloire eft fubordonnée à l'argent , & que tant qu'il n'y aura pas de *deficit* d'une part, ils n'en maigriront gueres des lacunes de l'autre.

Quant au Tableau qui eft devenu un

monument de leur foyer, & où tant de
Pièces rangées par colonnes féchent fur
pié en attendant leur tour, je l'ai toujours
regardé comme une amufette où de jeunes
gens viennent fe familiarifer avec leurs
noms, & regarder ceux des autres en
pitié, fans autrement réfléchir fur les en-
gagemens qu'ils viennent de prendre avec
le Public, qui, malheureufement, n'en a
avec perfonne. Le mérite des Comédiens
à cet égard, eft à-peu-près le facrifice
d'un mauvais payeur qui croit beaucoup
faire que d'arrêter fes Mémoires.

Mais depuis la Lettre que M. Molé s'eft
tenu heureux, s'eft empreffé d'écrire aux
Chefs des Colonnes, il eft préfumable que
les Pièces du Tableau actuel, ne verront
pas la révolution de ce fiécle fans être à
l'étude. Moi-même qui me dis fans ceffe,
hora fugit : j'aurais prefque à me reprocher
de n'y pas figurer comme un autre. Mais
la Tiare a beau paffer rapidement d'une
tête fur l'autre & les Jubilés s'enfuivre,
il en faudrait un d'une trempe toute nouvelle, pour me raccommoder avec le
Comité, & lui faire effayer d'un *Rail-
leur*. . . . . Mais non, parlons plutôt de
renouveller mon bail de profcription.

J'ai calculé, d'ailleurs, que quand je

n'aurais plus que vingt ans de profe à ma difpofition (à n'en prendre qu'à mon aife) les Comédiens me fourniront au moins un fujet de Lettre par an , qui peut - être remplira mieux mon objet, que certains fuccès au Théâtre , qu'on récompenfe beaucoup, & qu'on oublie encore mieux.

Quoi qu'il en foit, nous n'en devons pas moins aux clameurs du Public & au courage d'un Journalifte *ad hoc*, étouffé dès le berceau, l'amendement fi prompt de la part des Comédiens envers leurs élus : ce qui prouve que des poumons l'emportent quelquefois fur de bonnes raifons.

En effet , que d'aftres lumineux qui brillent actuellement fur notre horifon, feraient encore à s'entrechoquer dans les ténébres, fans l'efcrime de leurs précieux poumons, fans ceux de leurs amis. Ils ont bien fait de fe lever matin pour publier qu'ils étaient de grands hommes, on les a crus. La carriere des Lettres n'eft donc pas fi épineufe qu'on l'imagine , puifque les boîteux, les éclopés, les aveugles, les idiots, tout y arrive, tout s'y fait place ; il y en a même beaucoup de la nature des cafcades , qui ne font du bruit que par leurs chûtes.

Heureux néanmoins , qui peut fe procurer les agrémens de la scène , en n'y contribuant que d'un écu de sa poche : mais par *une imaginative à nulle autre pareille* , les accès en sont devenus si im-praticables , que l'oppression s'y étend jusques sur les Spectateurs. Croiras-tu , mon cher ami , que dans un tems où le moindre individu cherche à s'affranchir de toute espece de joug , les Comédiens aient osé nous en imposer un , le plus cruel , le plus humiliant qui fut jamais ? On a beau s'en plaindre & marquer de la répu-gnance , il y faut passer , eût-on six piés , ou s'en retourner chez soi : appellez-en.... à qui ? à des bayonnettes ?

Que de choses , au surplus , ce maudit joug ne vient-il pas me rappeller ? Les Barricades , les Courses de chevaux , les Combats à la Barriere , l'Opéra d'Adéle , que fais-je ? Le despotisme au-dedans , l'esclavage au-dehors.

Le moyen que des oisifs de métier qui n'ont ni épître à faire , ni champs à la-bourer , que des jeunes gens de famille qui font du Théâtre le sanctuaire de leurs plaisirs & l'école de leurs mœurs , que des Militaires , qui heureusement jusqu'ici , n'ont rien à tuer que le tems , s'y puissent dérober à l'ennui & puiser l'instruction , si tout y devient loge à l'année ? Il faudra donc que d'anciens voisins qui ont contribué de tout leur pouvoir à sa splendeur, qui, par un reste de tendresse, passent encore de tems en tems les ponts & par fois le tropique, pour des ingrats, soient obligés d'invoquer hautement une Thalie nouvelle, de lui faire toutes sortes d'avances, sans trop savoir où la loger.

Puisqu'il est démontré que dans un tems où le goût des Spectacles est devenu celui de tous les états, une seconde Troupe de Comédiens est nécessaire à Paris ; que le Public la desire ardemment, & que cette concurrence ne peut que tendre à la perfection de l'Art ; qu'y a-t-il donc à balancer de semer des Pradons, pour y gagner, soit un Racine, soit un digne successeur de M. de Voltaire ?

Que ce soit le Temple, la rue Boucherat, ou si l'on veut, celle de l'Oursine qu'on lui destine, ce ne sera pas loin pour tout le monde. Du moins, y verrait - on bien-tôt s'établir un Caffé référendaire, des Libraires, des Bijoutiers, des Parfumeurs, des *modeuses*, de jolies voisines qui auraient l'hyver, de bon feu chez elles, & avec le tems des messageries dans différens quartiers de Paris, pour nous y mener par caravannes.

En attendant que les fondemens de cette Salle de Comédie, qui n'eſt encore qu'un futur contingent, ſoient hors de terre, amuſons-nous à en tracer le tableau votif.

On y verrait d'abord, des Poétes Lauréats les doigts barbouillés d'encre, tourmenter une grue pour en monter les pierres: dans l'étendue du terrein, on en verrait de diſperſés çà & là, ſous différens attributs, dont les uns donneraient des avis, les autres pour boire, & parmi eux beaucoup de gâcheurs. Dans une aîle du Bâtiment, preſque achevée, & où il ne manquerait que des croiſées, trois Divinités deſtinées à partager les émolumens du Temple, ayant l'air d'avoir eu de grands débats entr'elles, au point d'en être échevelées, ſeraient aſſiſes à une table ronde, y donnant des audiences. Au milieu d'elles, ferait un ſcrutin, & moyennant une féve à chaque main, ces Dames porteraient des jugemens irrévocables, aux riſques de prendre leur gauche pour leur droite. Tout Manuſcrit qui leur ferait préſenté par un inconnu ou d'une main tremblante, des deux actes, des quatre actes, toutes fauſſes meſures; des Coriolan, des Alceſte, tous ſujets Vierges, ſeraient reçus avec dignité; & de la bouche adorable de ces Déeſſes, ſortiraient ces paroles encourageantes: *Nous verrons cela.*

A ce tableau , joignons-en un autre qui en ferait le pendant , celui de la nouvelle Troupe quand elle defcendra du coche. Ce fera bien le chaos d'Ovide , que cette Troupe , lorfqu'elle tiendra fes premiers Comités , quand il s'agira du choix des Pièces , de la diftribution des rôles , des répétitions , de paraître enfin , devant l'A-thènes nouvelle , l'écueil de tout préfomp-tueux : mais un Chef éclairé , des Prôneurs à gages , des Soupirans de toutes les robes , des Parafites de tous les régimes lui auront bien - tôt donné la confiftance requife. D'ailleurs , qui ne ferait pas intéreffé à défendre la faibleffe des nouveaux venus contre les entreprifes du grand Fief ? à les trouver riches en moyens , s'ils n'avaient pas tout l'acquis poffible ?

Pour peu cependant qu'à leur tour, ils faffent les raifonneurs , qu'ils aient des anti-chambres , des carroffes & des gens , qu'on ne puiffe plus leur trouver ni défauts , ni modeles , on leur trouvera peut-être quel-que judicieux critique , qui , confondant les deux jurandes , faura les conduire de front.... non pas comme un téméraire qui abufe de fon fouet de longueur , mais tel qu'Hyppodamie & tant d'autres qui n'ont pas verfé.

Et comme les moyens de rire ne fauraient trop fe multiplier dans un fiécle paîtri de larmes & de fentimens, il faut préfumer qu'un tel Ecrivain fauverait par fois la vie à d'honnêtes citoyens, qui, fans être de Calais, ne voient en fonges que des Paquebots qui nous débarquent le Splen.

Tu fais comme moi, mon cher ami, que dans le département des Mufes, on eft riche en bonnes opinions ; tu fais auffi que trop fouvent ici-bas,

Les biens font en idée, & les maux font réels.

Ce n'eft pas que l'on foit toujours fondé à murmurer contre les deftins : toutes les reffources font dans la nature. Voyons feulement quel chemin elle a fait pour venir jufqu'à nous, quelles nuances elle a mifes dans fes bienfaits, comme elle a marché de phénomene en phénomene, fans jamais s'égarer ; l'ordre enfin qui réfulte des chofes, même les plus oppofées. Il faut pour examiner cela plus à fond, remonter un peu plus haut que le Déluge.

Avant que l'Univers fût créé, cette maffe informe de matiere où le principe de tous les Etres fe trouvait renfermé, était ce qui depuis, fut appellé chaos. Le Soleil ne prêtait pas encore fa lumiere au monde, la Lune n'était pas fujette à fes viciffitudes, nul corps n'avait la forme

qu'il devait avoir. Le chaud, le froid, le
fec & l'humide, fe combattaient fans fe
connaître, tout était confondu. Une main
habile l'entreprit, & le chaos fut dé-
brouillé. Le ciel fe vit féparé d'avec la
la terre, la terre d'avec les eaux, & l'air
le plus fubtil d'avec le plus groffier. Le
feu qui eft le plus actif des élémens, fut
occuper la région la plus élevée ; l'air prit
au-deffus du feu la place qui lui était mar-
quée; la terre fufpendue au milieu des airs,
trouva fon équilibre dans propre poids ;
l'eau rendue fluide & mife en liberté, s'ou-
vrit des routes vers les lieux les plus bas
& les moins inégaux ; l'homme, les animaux parurent ; des affociations d'hommes
fe firent, des Républiques fe formerent,
des Loix fe promulguerent, des Tytans
les braverent ; bien-tôt les mœurs eurent
befoin de préceptes & les vices de frein ;
de-là les Ariftophane, les Plaute, les
Molière, la Comédie Françaife, la Comédie de Province, & de proche en proche, la Dlle. Montenfier, qui a un Théâtre
tout monté à Verfailles, & la meilleure
intention du monde d'empiéter fur les
droits du grand Fief.

S'il était poffible que des Comédiens
defcendiffent du Ciel, on croirait volontiers que c'eft par miracle, que ceux - ci

nous tendent des bras de quatre lieues.
Auſſi, voit-on depuis quelque tems, les
viſages dramatiques refleurir, & ne jurer
que par le nom de Montenſier. Du moins,
tout Auteur opprimé, tout eſclave des
Grands héroïques qui ne trouvait ci-devant
de conſolation que dans l'habitude des
ſouffrances, peut ſe flatter d'en trouver
de plus ſolides chez elle, & de ne pas
acheter quelque peu de fumée au prix de
tant d'affronts.

Tout nous porte à croire que ſa Troupe
eſt compoſée des meilleurs ſujets de la
Province, puiſque la Cour s'en amuſe,
que la Reine y a des loges, qu'on permet
à cette Troupe de prendre le nom de
Comédiens de la Cour.

Lorſqu'avec le tems on demandera quelle
eſt la différence entre les Comédiens du
Roi & ceux de la Cour? Ce ne ſera rien
aventurer que de répondre que ceux-ci
ne coutent rien à Sa Majeſté, que la com-
plaiſance de monter quelques marches pour
les aller entendre, au lieu qu'elle penſionne
chez les autres beaucoup de monde inutile,
& que la doublure y coûte plus cher que
l'étoffe.

Que nous importe à nous que ce ſoit
le grand Fief qui nous inféode, ſi les humi-
liations y ſervent de degrés aux honneurs?
Succès

Succès ou non, hors de sa mouvance, c'est toujours un bon à-compte que des carresses.

Outre l'émulation que la seconde Troupe fera circuler dans la premiere, il en résultera beaucoup de variété pour nos plaisirs: car, au fond, rien de si fastidieux que d'avoir toujours à digérer les mêmes pieces, les mêmes visages, les mêmes gestes, les mêmes intonations ; de vieillir & se voir enterrer avec un Acteur. Je suis assez de l'avis de certains gourmands ; des mêts un peu moins délicats, & pas toujours des perdreaux.

Et comme il y a différentes manieres de rendre une scène, un rôle, une situation, on peut donc être très-bon Comédien, sans être ni le Kain, ni Molé. D'ailleurs, des Princes d'un sang nouveau & des minois d'un tout autre intérêt, voilà ce qui réveille le goût du Public ; qu'on y ajoute un répertoire de Pieces tant ignorées que négligées du grand Fief, Versailles deviendra pour nous, une source de nouveautés intarissable.

Que s'il est vrai, comme on l'a imprimé par-tout, que la Dlle. Montensier offre aux Auteurs qui auront confiance en elle, de jouer leurs Pieces, pour peu qu'elles aient l'air jouable, il est constant que ce n'est pas une faible obligation que les gens de Lettres lui doivent avoir.

F

L'article des honoraires eſt peut-être, ce qui empêchera de ſe pourvoir à ſon tribunal : je conçois même, malgré qu'il n'y ait chez elle, ni loges à l'année, ni quart des pauvres, ni chûtes en regle, que les fruits à retirer ne vaudront jamais ceux du Théâtre de Paris : la raiſon en eſt toute ſimple ; les repréſentations n'en ſauraient être ſi nombreuſes, ni les chambrées ſi complettes : du moins, ſera-t-il agréable pour un Poëte qui aura réuſſi à Verſailles, de pouvoir compter ſur quelque petite rétribution, toutes les fois qu'on y jouera ſa Piece. Ce ſerait ce qui s'appelle ſe faire des rentes.

Mais comme tous les Auteurs ne ſont pas aſſez malheureux pour fonder leur cuiſine ſur le produit de leurs Pieces, & qu'il en eſt dont la gloire eſt un motif plus puiſſant que l'intérêt, on ne ſaurait ſemer en meilleure terre, ni contre un meilleur abri que les murs du Château. Les ſuffrages de la Cour ſont toujours d'un grand prix, & l'on ne ſaurait manquer d'y faire de bonnes connaiſſances.

D'ailleurs, qui empêche que Paris n'y envoie des curieux en députation ? Il y a tant de moyens de s'y rendre, & à vil prix ! au défaut d'un écu, on a du moins un ami, ou des jambes.

Quant à l'impreſſion d'une Piece qui réuſſirait, elle remplirait également l'objet de l'Auteur : car il eſt tout naturel de penſer que tel Amateur qui n'aurait pu s'en procurer la repréſentation, ſerait tenté de la lire ; & à la rigueur, ſi l'Ouvrage faiſait du bruit, il faudrait bien que le grand Fief l'enſaiſinât.

Quoi qu'il en ſoit, je ne vois rien de ſi bien conçu que le projet de la Dlle. Montenſier. Ce ſerait bien dommage que le Public de Paris ne ſecondât pas le zele de ſa Troupe & ne s'en fît pas un corps de réſerve contre la pareſſe & l'inertie des grands héroiques. Car, enfin, n'y jouât-on qu'une Piece grande ou petite, par mois, n'en réuſsît-il que la moitié, cela ferait au bout de dix ans, un fonds de magaſin, qui, joint à l'ancien fonds, ne laiſſerait pas que d'avoir des débouchés.

Comme ces matieres ſont de mon reſſort, & que je me propoſe de les ramener de tems à autre, je voudrais bien, mon cher Lampito, que tu me diſes quelques mots à l'oreille, de tes Comédiens de Londres, qui, pour être en direction, n'en ſont peut-être pas moins difficiles à mener. C'eſt donc à dire qu'on les gâte comme les nôtres ? Ne fût-ce qu'à leur jetter des oranges, c'eſt toujours une excellente choſe, quand elles ſont de Malthe.

La façon de penser de nos deux Nation.
n'eſt aſſurément pas la même ; je ſuis
perſuadé, malgré cela, que nos Comédiens ſe reſſemblent : ce qui prouve que
l'eſprit de l'état eſt indépendant de l'eſprit
national, & qu'avec des caracteres tout
différens, on peut avoir les mêmes défauts.

Il ne s'enſuit pas néanmoins, qu'ayant
le goût des Lettres comme moi, tu aies auſſi
mes ridicules : car, j'ai la bêtiſe de me croire
un genre d'eſprit, & je profeſſe publiquement
ment : au lieu que ta modeſt.e exige de
moi, que tes Lettres, qui valent cent fois
mieux que les miennes, reſtent dans le
ſecret & ſoient perdues pour le Public ;
de ſorte que j'ai l'air d'entretenir une
correſpondance à moi ſeul.

Je n'en ſuis pas moins, mon cher ami, &c.

Paris, ce 15 Décembre 1777.

E R R A T A.

Avertiſſement, Page 1, ligne 11, ſur le compte deſquels,
liſez deſquelles.
Page 11, ligne 28, il ne ſera, *liſez,* il ne ſerait.
Page 16, ligne 11, comme à Paris ? —— Les Anglais,
&c. *liſez,* comme à Paris ? Les Anglais jouent-ils gros ?
Page 24, ligne 21, à droite, *liſez,* à droit.
Page 111, ligne 1, s'engage, *liſez* encage.

Fin de la premiere Partie.

www.ingramcontent.com/pod-product-compliance
Lightning Source LLC
LaVergne TN
LVHW021852170726
843503LV00003B/1186